AF454010

# LA CAVERNE

# DE BRIGANDS.

# LA CAVERNE

## DE

# BRIGANDS.

## PARIS.

RENAULT, ÉDITEUR,

—

1845

PARIS. — IMPRIMERIE DE LACOUR ET Cie.
Rue Saint-Hyacinthe Saint-Michel, 33.

# HISTOIRE
# DE CARTOUCHE,

## VOLEUR FRANÇAIS.

Louis-Dominique Cartouche naquit à Paris en 1693. Son père était tonnelier dans le quartier de la Courtille, ce qui ne l'empêcha pas de faire de grands sacrifices pour donner à ses enfants une éducation qui les plaçât en quelque sorte au-dessus de la classe à laquelle ils appartenaient. Dominique était le plus jeune de tous; il avait de l'esprit, de la pénétration, de la facilité; ses progrès furent si rapides que son père en conçut de grandes espérances et l'envoya au collége chez les Jésuites. Là, il se trouvait parmi une foule de jeunes gens dont les moins distingués étaient des bourgeois considérables de Paris. Chacun deux avait une certaine quantité d'argent pour ses menus plaisirs et tous étaient habillés d'une manière convenable au rang que tenaient leurs familles. Honteux de ne pouvoir briller comme les autres , il eut recours à la plus coupable des industries.

Ses coups d'essai furent de piller les boutiques des fruitières qui se tenaient à la porte du collége de Clermont. Bientôt après il prit les livres de ses jeunes compagnons. Mais non satisfait de ces larcins, il entreprit un coup plus important, résolu, à ce qu'il dit depuis, d'en rester là, parce qu'il aurait pu s'acheter un habit propre.

Il était alors en quatrième, et il avait su gagner les bonnes grâces d'un jeune marquis qui était de la même classe que lui; il entrait librement dans la chambre de ce jeune homme, dont le gouverneur ne lui était pas moin favorable : ils passaient même quelquefois des jours entiers ensemble. Un jour qu'il y était à son ordinaire, il entendit le valet de chambre dire qu'il venait de recevoir cent écus , et il les vit enfermer dans une cassette. Quel trésor pour un coupable écolier ! Ce qui l'embarrassait était moins la difficulé de forcer la cassette que le crime lui-même. Enfin l'ambition qu'il avait de ne paraître pas moins que ses camarades d'école , l'emporta sur ses scrupules , il épia les moments où le valet de chambre et le gouverneur avaient coutume de sortir , et les ayant vus un beau matin aller en ville, il crut que c'était une occasion dont il fallait profiter.

On entrait dans la chambre du domestique par celle de son maître , et il n'y avait que la dernière qui fût fermée à clef. Cartouche fit si bien pendant la classe , où il était assis auprès du marquis, qu'il lui vola cette clef dans sa poche, et qu'il obtint du régent la permission de sortir. Au même instant il vole au lieu qui recélait les cent écus, ouvre l'appartement et cherche la cassette; mais elle n'était plus à la même place et il eut assez de peine à la trouver. A la fin il découvrit qu'on l'avait mise sur le haut d'une grande armoire; il plaça aussitôt des chaises les unes sur les autres, comme autant d'échelles , pour monter à l'assaut. La chose allait bien : il avait déjà escaladé cette forteresse ; un fer, qui servait à son père dans les ouvrages de sa profession , avait été employé à un usage bien différent, et il avait ouvert la boîte dépositaire des richesses du valet de chambre; en un mot, il était maître de tout, lorsque le gouverneur rentra dans le collége, et vint demander la clef au jeune marquis. Celui-ci eut beau chercher, il ne la trouva point: le gouverneur s'imagina qu'il l'avait laissée à la porte par mégarde, et sur-le-champ il alla y regarder.

Justement elle y était : Cartouche l'avait oubliée imprudemment. Ainsi , le gouverneur entra , et peu de temps après, son élève et le valet de chambra revinrent, l'un de classe, et l'autre de dehors. Imaginez-vous ce que devint alors le pauvre voleur; il était guiché sur l'armoire à côté de sa chère cassette, il s'était replié en un petit peloton, il n'osait pas remuer, à peine osait-il respirer, et il entendait à chaque moment passer du monde auprès de lui, et son ami s'entretenir de sa disparition subite qui étonnait tous les écoliers; et le pis est que le valet de chambre, se sentant un peu mal à la tête, ne sortit point de la journée entière, et garda le lit. Cent fois Cartouche s'étonna de ce que ce domestique ne le voyait point, et cent fois il fut près de se trabir lui-même, et de se jeter à ses pieds. Mais la honte d'être pris en flagrant délit, et la crainte qu'il avait de n'avoir pas affaire à un homme généreux, l'empêchèrent de prendre ce parti-là. Cependant la nuit vint; il la passa sans dormir et même sans en avoir envie. Malheureusement, le valet de chambre ne se trouva pas mieux le lendemain matin, et son prisonnier s'en trouva plus mal. Le moindre mouvement que le malade faisait, causait des frayeurs terribles à celui-ci, et une sueur froide coulait de tout son corps. En un mot, une faim excessive et une soif brûlante étaient les moindres maux qu'il souffrait. Enfin, une partie de plaisir, dans laquelle on mit le valet de chambre du marquis, délivra Cartouche, et à la faveur de son absence, il descendit comme il put de l'armoire fatale, où il avait demeuré près de deux jours. Mais à peine eut-il fait cela, que le gouverneur, qui était sorti avec son disciple, rentra avec lui. On ne peut être plus étonné qu'ils le furent tous trois de se rencontrer ainsi. Cartouche eut recours aux larmes et aux mensonges, et s'en servit si habilement, qu'on ne le soupçonna de rien. On lui donna même quelque chose à manger, et ensuite on le renvoya chez lui avec de grandes promesses de faire la paix avec le régent, qui avait juré de le faire punir de son absence.

Dès qu'il fut dans la rue, il se crut le plus heureux homme du monde d'être sorti de ce mauvais pas et d'avoir encore cent écus. Il entra chez son père, dont il fut bien grondé, et qu'il apaisa par des excuses inventées ; et le jour suivant il alla se divertir à la foire de Saint-Germain. Mais lorsqu'il retournait en sa maison, un de ses frères qui l'attendait sur le chemin lui annonça la triste nouvelle qu'il était découvert, qu'on était venu faire des plaintes de lui, et qu'on lui préparait une punition s'il était coupable de ce qu'on lui imputait.

Cartouche, épouvanté de ce récit, n'en demanda pas davantage. Après avoir fait ses adieux à son frère, il s'éloigna sans savoir ce qu'il deviendrait : se trouvant hors de Paris, il continua sa route jusqu'à Reine-Moulin, où il s'arrêta n'en pouvant plus. Il était alors minuit. La crainte d'être volé comme il avait volé les autres lui causait une inquiétude extrême, et par-dessus tout cela il n'y avait point d'hôtellerie ouverte dans cet endroit ; c'est pourquoi il se détermina, non sans peine, à attendre le jour au coin d'un gros buisson, et à y dormir. Mais bientôt il entendit du bruit autour de lui, et il aperçut, à la faible lueur de la lune, des gens qui venaient. En un moment ils furent assez près pour qu'il entendît leurs voix et qu'il distinguât leur langage, auquel il ne comprenait rien ; ils campèrent à vingt-cinq pas de lui. Alors il se sentit saisi d'effroi, et tous ses sens se glacèrent à la vue d'une vingtaine de fantômes habillés grotesquement. Les uns dansaient, les autres chantaient, quelques-uns mangeaient et d'autres apprêtaient à manger.

Persuadé que c'était une assemblée solennelle des sorciers du pays, il se recommanda dévotement à Dieu et lui demanda pardon de ses fautes ; mais il n'en fut pas quitte pour si peu. Quelques-uns de ces prétendus sorciers l'ayant aperçu, vinrent à lui pour voir s'il n'y avait point d'ennemis cachés. Ayant en cet endroit reconnu que ce n'était qu'un petit garçon mal vêtu, ils prirent devant lui les plus bizarres postures : ce spectacle risible confirma encore Cartouche dans l'opinion qu'il avait affaire aux principaux membres du sabbat; et il fit tant de cris, qu'à la fin ceux qui lui faisaient peur eurent peur eux-mêmes que cela ne fît venir du monde après eux.

Ainsi ils résolurent de lui parler français et de lui avouer qu'ils étaient des hommes comme lui, quoiqu'ils fussent un peu plus noirs. Cette déclaration le rassura; ils l'invitèrent à manger avec eux, et il trouva que leurs mets n'étaient point si diaboliques qu'il se l'était figuré. En effet, ce n'était que cochons de lait, poules, pigeons; il n'avait jamais fait si bonne chère depuis qu'il était au monde. La connaissance faite ainsi, il s'endormit au milieu d'eux; mais ces derniers ne s'endormirent pas. Il ne douta pas, à son réveil, que des gens qui l'avaient déchargé de ses cent écus ne fussent de véritables Bohémiens. D'abord il voulut les menacer de les faire pendre; mais la vieille directrice de la troupe lui fit entendre raison. Elle l'intimida lui-même, en l'accusant d'avoir volé cet argent, en lui disant qu'un enfant de son âge et de la condition dont il paraissait ne pouvait avoir une telle somme par d'autres moyens, que sans doute il s'était enfui de la maison paternelle, et qu'elle l'y ramènerait s'il n'était pas assez sage pour se taire. Ensuite elle le cajola sur sa beauté et sur son esprit; elle lui vanta les douceurs de la vie que menaient les Bohémiens, et lui conseilla de les suivre. Enfin, en moins d'une heure, elle en fit un prosélyte de leur ordre, et elle lui assigna le paiement de la somme qu'on lui avait dérobée, sur les coffres des paysans et des curieux de bonne aventure.

Ce fut là que Cartouche apprit des tours qu'il ignorait encore, qu'il sut comment on pouvait se faufiler avec les voleurs, et qu'il apprit l'art de cacher ces vols. En trois ans de temps il devint le plus habile et le plus hardi de ses associés, et il eût été bientôt un de leurs chefs, si le parlement de Rouen n'avait dissipé cette bande. Se voyant seul, par la prise de plu-

sieurs et la fuite des autres, il résolut de s'engager sur quelque vaisseau ; sans un de ses on-
cles, il aurait exécuté ce projet.

Ce bonhomme était à Rouen, et s'y prome-
nait sur le port, lorsqu'il vit au milieu d'un
tas de matelots hollandais un jeune garçon qui
mangeait avidement quelques morceaux de
viande qu'ils lui avaient donnés. Quoique ce
misérable fût couvert de haillons, et qu'il fût
noirci par les rayons du soleil, il reconnut les
traits de son neveu, qu'il croyait avoir perdu,
et les larmes coulèrent de ses yeux. Il ne put
s'empêcher de se jeter à son cou, et de lui donner des marques touchantes de sa tendresse.
Après cela il le conduisit à son auberge. On le
baigna : ses cheveux furent rasés, et on lui
acheta, à la fête, une chemise et des habits un
peu meilleurs que ceux qu'il laissait.

Ce charitable parent écrivit le même jour au
père de Cartouche, qu'il avait retrouvé ce fils
égaré depuis longtemps, et le sollicita en ter-
mes pressants de pardonner à cet enfant pro-
digue, et de lui permettre de rentrer dans sa

maison, puisqu'il était prêt à rentrer dans son devoir.

Le père répondit qu'il ne reconnaissait pas un fils qui déshonorait sa famille, qu'il pourrait sans pitié souffrir les plus grands maux défendant qu'on le lui ramenât jamais, à moins qu'on ne voulût qu'il le tuât de sa propre main.

Cette réponse fulminante ne put ôter à Cartouche et à son oncle l'espérance de fléchir un jour ce père irrité. Ils reprirent tous deux le chemin de Paris, où ils entrèrent dans la nuit, pour n'être pas vus. Cartouche se tint caché dans la boutique de son parent. Le nouveau genre de vie qu'il fut obligé de mener lui causa en peu de temps une grande maladie. Au bout de huit jours, le médecin jugea que sa vie était en un extrême danger. On crut alors qu'il falfait avertir son père, qui ne pouvait manquer d'être touché du triste état où il le verrait. Effectivement sa fureur ne put tenir contre le spectacle attendrissant du coupable qui demandait pardon d'une voix mourante. Il le lui accorda, et se retira sur-le-champ.

Cartouche se rétablit : la joie d'avoir regagné les bonnes grâces de son père, en fut sans doute la cause. Il chercha d'abord à faire oublier ses fautes passées par une vie régulière ; mais il ne persévéra pas longtemps dans ce beau dessein. Une rencontre dangereuse le replongea dans l'abîme : pour suffire à de folles dépenses, il visita d'abord le coffre de son père ; ces ressources devenait insuffisantes, il se remit à couper les bourses avec tant d'adresser, tant de bonheur, qu'il put déployer un véritable luxe et se livrer à des dépenses qui surprirent son père : Cartouche prétendait gagner au jeu les montres, les mouchoirs, les tabatières, les nœuds d'épée qu'il laissait voir quelquefois.

L'honnête artisan découvrit enfin la cachette du jeune voleur : il fut surpris de la quantité de belles nippes qu'il y vit, outre celles qui étaient déjà métamorphosées en beaux écus d'or ; ce n'était que boîtes à mouche, étuis d'or, flacons. Le bon tonnelier remit tout comme il l'avait trouvé, dissimulant sa colère jusqu'à ce qu'il eût occasion de la faire éclater. Cependant il se rendit à Saint-Lazare, promit au père procureur une pension considérable pour son fils, à condition qu'il serait châtié avec la dernière sévérité. Ils convinrent que, sous un prétexte quelconque, le jeune libertin serait conduit au couvent, dans une voiture bien surveillée.

Cartouche le père proposa donc un beau matin à son fils de l'accompagner à Saint-Lazare, où il avait affaire, disait-il, pour cinq cents tonneaux qu'on lui demandait. Cartouche, qui ne se doutait de rien, ne se fit pas prier, et ils montèrent dans un carrosse de louage. A peine étaient-ils à deux cents pas de la maison, qu'il aperçut des archers qui l'environnaient sous des habits déguisés. Ces deux circonstances lui firent deviner ce dont il s'agissait, et il jugea que son adresse seule pourrait le tirer d'embarras. Arrivés devant la porte de la terrible maison où il devait être renfermé, son père entra le premier, et lui dit d'attendre un moment ; qu'il allait demander permission pour lui de voir le jardin. En même temps, Cartouche, qui avait ce jour-là un habit fort simple, ôta son juste-au-corps, sa per-

ruque, son chapeau, ceignit sa tête d'un mouchoir dont il avait eu le temps auparavant de
faire un bonnet, et sortit par la portière qui
était du côté de Saint-Lazare. Les archers, qui
étaient de l'autre côté, et qui le virent passer
près d'eux, crurent qu'il était un garçon pâtis-
sier ; et comme ils l'avaient vu avec une autre
décoration, aucun d'eux ne le reconnut.

Il était déjà en sûreté, lorsque son père vint,
avec deux frères, pour lui dire de se rendre, et
qu'il était prisonnier. A leur arrivée, qui était
pour les archers un signal pour le saisir, ils
s'approchèrent tous ; mais il était trop tard et
ils reconnurent avec une surprise extrême
que ses habits seuls étaient restés. Le père ne
savait quel parti prendre dans cette circonstance ; les uns lui disaient qu'il fallait courir
après le fugitif, les autres soutenaient qu'il était
déja bien loin. Enfin il prit le parti de retourner à son logis, et d'y faire prendre son fils,
s'il y était ou s'il y rentrait. Mais cette entreprise réussit aussi peu que la première.

Tandis qu'il perdait les moments à délibérer
sur ce qu'il ferait, Cartouche s'était rendu à la

boutique, où il avait eu le temps de prendre ses habits, son trésor. Lorsqu'il se vit hors de la maison paternelle, son premier soin fut de se rendre méconnaissable. Il se peignit le visage, changea de nom et de manière de se mettre, renonça à ses anciennes habitudes. Grâce à ces précautions, il crut pouvoir se montrer au grand jour, et faire le métier de filou dans les assemblées nombreuses où il ne fut reconnu qu'une seule fois.

Il était un jour dans l'église de la maison professe des Jésuites, où il venait d'escroquer la montre d'un Allemand. A la sortie de la messe, un homme l'arrêta par le bras, en lui disant qu'il voulait lui parler. Ils avancèrent tous deux jusqu'au coin de rue de la Couture, sans prononcer un seul mot. Cartouche pensait que l'inconnu était celui qu'il avait volé. *Ta bourse,* s'écria *l'étranger.—Elle est au bout de mon épée;* répliqua Cartouche en la tirant. — *C'en est assez, mon brave,* poursuivit l'autre ; *j'ai voulu éprouver si vous aviez autant de cœur que d'adresse. Maintenant je suis satisfait.* En même temps il l'embrassa, et lui dit qu'il l'avait vu

escamoter une montre à un seigneur étranger;
qu'il était étonné de la subtilité non pareille
avec laquelle il l'avait fait, et qu'il lui offrait
des conseils salutaires, pour prix desquels il ne
lui demandait que sa confiance et son amitié,
Ce discours ne dissipa point encore la défiance
naturelle de Cartouche, et il craignit que cet
homme ne fût un espion, qui voulait lui arra-
cher ses secrets, et le livrer à quelques archers
postés aux environs. Ainsi, il se tint sur ses gardes jusqu'à ce que son homme le quittât dans un
endroit où des laquais se battaient : Cartouche
le laissa là; mais il le vit bientôt revenir à lui.
*Mon cher*, lui dit celui-ci, *vois si ce réseau ne
vaut pas bien ta prise!* Aussitôt il le développa,
lui fit voir les louis d'or neufs qu'il avait pris,
et l'invita à venir les partager avec lui. Cette
conduite détruisit les soupçons de Cartouche;
qui suivit son généreux conducteur jusqu'à une
maison où il montèrent au cinquième étage. Il
trouva plusieurs personnes qui lui firent de
grandes civilités. La table fut apportée, la
nappe mise, le réseau déplié pour une seconde
fois, et les louis partagés. Le nouvel hôte eut sa

part comme les autres : une montre d'or qu'il avait prise le jour précédent marqua sa reconnaissance au maître du logis. Après un bon dîner qu'il firent durer jusqu'au soir , la conversation tomba sur l'infâme profession qu'ils exerçaient. Quoique Cartouche fût âgé de dix-sept ans, et qu'il eût alors près de sept ans de profession, il n'avait lié aucun commerce avec les habiles filous de Paris. Nul d'entre ces misérables ne le connaissait, et lui-même n'en connaissait aucun. Son ancien lui remontra le tor, qu'il avait eu d'en avoir agi ainsi ; il lui fit voir les dangereuses conséquences de n'avoir aucun ami qui , lorsque vous êtes pris , fasse une utile diversion en votre faveur, ou qui vous facilite les moyens de faire de bons coups, en excitant du tumulte, et en amusant du monde autour de vous. Il ajouta que si lui, Cartouche, était échappé de mille dangers, c'était par un bonheur extraordinaire ; qu'il ne devait pas compter témérairement sur sa bonne étoile, et qu'il ferait bien de s'associer un ou deux amis prudents et sages.

Cartouche entra dans ses raisons, trouva

qu'elles étaient bonnes, et proposa sur-le-champ à son hôte de s'unir pour voler. Celui-ci en fut charmé, et lui proposa à son tour de s'unir encore par d'autres nœuds, c'est-à-dire d'épouser sa belle-sœur.

Six mois après, son beau-frère fut pris. On l'envoya faire des caravanes involontaires-sur les galères de Toulon. Son épouse et sa belle-sœur furent condamnées à faire une longue pénitence à l'Hôpital-général. Cartouche ne fut point découragé par la dispersion de sa triste famille. Il avait de l'adresse est de l'argent; il s'introduisit dans les académies de jeux, et s'y fit recevoir à bras ouverts; cela lui servit à escroquer des dupes provinciales et de jeunes gens sans expérience. Sa valeur ne lui fut pas inutile non plus; elle l'aida à conserver ce qu'il gagnait par ces honteux moyens, et elle lui donna même une certaine réputation de bravoure.

Cependant quelques personnes qui s'étaient trouvées mal de sa subtilité, en faisaient des plaintes partout, et ne lui épargnaient aucun des titres glorieux qu'on donne à un escroc.

Cela fut cause qu'il se vit chassé honteusement des lieux qu'il fréquentait, et hors d'espérance d'y rentrer. Dans cette extrémité, il se défit petit à petit de son laquais, de ses bijoux, et il fut réduit, après avoir fait argent de tout, à faire argent des hommes mêmes : cela signifie qu'il devint commissionnaire des officiers et des sergents qui faisaient des recrues à Paris, et qu'il se chargea du soin de leur amener des dupes. Mais une cruelle disgrâce renversa, ou du moins retarda l'exécution de ses desseins et le fit sortir de Paris. Certain sergent l'avait prié de lui livrer cinq soldats, moyennant un prix raisonnable dont ils étaient convenus ; Cartouche travailla tant qu'il lui en déterra quatre ; mais il eut beau chercher, courir, n'oublier aucun cabaret, le cinquième ne vint point. Il alla le dire au sergent ; celui-ci répondit qu'il en était fâché, parce qu'il avait un ordre exprès de partir le lendemain ; que cependant, il lui était obligé de ses perquisitions, qu'il ne manquerait pas de le payer avant de se dire adieu, et qu'il le priait de vouloir bien l'aider à conduire les nouveaux hommes à la Villette : c'était aussi un des métiers de Cartouche que celui-là. Ainsi il ne fit nulle difficulté d'y consentir, lui promit d'être prêt à l'heure marquée.

Le jour suivant, ils montèrent six en carrosse, après avoir déjeuné copieusement, et ils descendirent à la Villette, où ils déjeunèrent une seconde fois. Alors le sergent le pria de l'accompagner jusqu'à Meaux. Tant de vin bu lui avait donné une complaisance excessive ; d'ailleurs Cartouche ne soupçonnait aucun artifice. Il se laissa donc aller aux instantes prières de son ami. Recrues et conducteurs entrèrent le soir à Meaux.

Arrivés à l'auberge, ils se firent apporter un bon souper et quelques bouteilles de liqueur. Cartouche se coucha et ne s'éveilla que sur les sept heures. Mais quel réveil ! Il avait les mains liées ; le sergent et ses quatre soldats l'environnaient. On lui signifia qu'il était engagé et qu'il fallait se lever. Il eut beau protester que rien de cela n'était vrai, qu'il n'avait point reçu d'argent et qu'il n'avait pas bu à la santé du roi ; on protesta, par des serments pareils aux siens, qu'on avait dit la vérité, qu'il fallait qu'il partît pour la Flandre, s'il ne voulait pas être maltraité. Enfin, il prit l'unique parti qu'il y avait à prendre, et suivit la troupe d'aussi bonne gârce qu'il put. Ils arrivèrent en peu de jours au régiment ; Cartouche se distingua dès la première campagne par son exactitude à remplir ses devoirs et par le courage qu'il fit paraître en diverses occasions. Ces qualités et l'amitié de ses supérieurs hâtèrent son avancement ; déjà son génie ambitieux se promettait tout de la continuation de la guerre, lorsqu'elle vint à finir. Ce changement imprévu qui détruisait ses espérances lui fit demander son congé. Il revint donc à Paris, mais sans aucune ressource.

Nous laisserons maintenant parler Cartouche lui-même, qui raconte, dans le mémoire qu'il rédigea dans sa prison, qu'après avoir retrouvé à Bruxelles le chef des Bohémiens qui l'avait dévalisé, et plusieurs de ses camarades, entre autres le fameux Bras-d'Acier, ils avaient formé une bande pour exploiter Paris.

« Nous commençâmes l'attaque par les faubourgs ; ceux de Saint-Germain, Saint-Denis, Saint-Martin et le Marais furent assaillis à la fois. Le faubourg Saint-Martin ne valant rien, je le laissai aux fripons subalternes. J'étais partout, je voltigeais, j'inspectais les postes. Lorsqu'il y avait un coup important, je le dirigeais moi-même. Il me venait tous les jours des recrues ; j'augmentai le nombre de mes brigades, j'en créai deux nouvelles, l'une pour Duménil, l'autre pour Lamoureux ; elles eurent la Cité, l'île Saint-Louis et le quartier du Louvre. Tout allait assez bien ; j'avais établi quatre dépôts de recellage ; et j'avais mis, pour y veiller à mon compte, quatre personnes sûres et dévouées à mon intérêt.

«J'avais proscrit pour Paris l'usage des armes à feu : un seul coup tiré mal à propos peut perdre un détachement en appelant des forces supérieures. Nous avions des bâtons ferrés, pointus par un bout , et portant de l'autre une boule de plomb. Cet instrument, en bonnes mains , fait de la besogne ; un coup sur la tête met hors de combat le plus fier bravache    et s'il remue , on lui introduit dans la poitrine de grands clous. J'avais ordonné de ne tuer qu'à son corps défendant , et dans la plus absolue nécessité : ces espèces d'assassinats gâtent les affaires ; on se tire mieux de celles qui ne sont point ensanglantées. Quand il fallait absolument envoyer au diable un brutal qui ne voulait pas donner sa bourse de bonne grâce , nos gens lui couvraient le visage d'un masque de poix , ou le débarbouillait avec de l'eau for te ; mais j'ai toujours crié : Messieurs, de la douceur, ne soyons pas cruels sans nécessité

« Il n'était question dans Paris que de mes exploits; il y avait déjà longtemps que ce train-là durait. Enfin, toutes les puissances s'unilent contre moi. Le parlement mit ma tête à prix ; il assura deux mille écus à qui me livrerait mort ou vif. M. Leblanc, ministre de la guerre , donna partout des ordres , et offrit une somme considérable à mon capteur. Obligé de pourvoir à ma sûreté , j'assemblai un grand conseil , composé des chefs de mes six anciennes brigades; nous étions seize opinants, et Bras-d'Acier faisait les fonctions de rapporteur.

« Ce résultat de nos lumières fut qu'il serait indispensable de suspendre un tel travail jusqu'à l'hiver ; qu'il fallait faire sans délai une vente de tous les effets qui étaient dans les dépôts, ouvrir la caisse commune, partager selon les grades , et vivre du produit de ses fonds, en attendant le moment de se réunir. Chacun s'engagea par serment de ne pas exploiter Paris sans un nouvel ordre ; mais tous furent libres de se répandre dans les provinces pour y rejoindre tous ceux qui y étaient déjà. Je déclarai à la troupe que mon intention n'était point de quitter Paris, où je vivrais en bourgeois paisible et ignoré, quoiqu'en secret, mes lieutenants et moi fissions les préparatifs de notre retraite. »

Ici Cartouche raconte plusieurs riches exploits dans les provinces. « A peine fus-je de retour à Paris, dit-il en continuant, que mes lieutenants rassemblèrent mes brigades éparses et nous recommençâmes la petite guerre. Aucun de mes gens, mon frère excepté et mes deux coopérateurs, ne furent instruits de ce qui m'était arrivé : cependant ils se doutèrent, au ton de ma dépense, que j'avais fait quelques grands coups. Je voulais garder le secret pour ne pas exciter une jalousie trop forte, ou le désir de me voler, car j'avais des gens assez instruits pour y réussir.

« D'un autre côté, nos magistrats, toujours ardents à ma poursuite, éveillés par de nouveaux bruits, mirent sur pied, contre moi, troupes de lignes et troupes légères ; la cavalerie du guet et les espions favoris du lieutenant de police étaient à mes trousses. Après une expédition où nous fûmes certainement trahis, suivis, serrés et accablés par le nombre, sans espoir de résister longtemps, je me jetai, avec Ferrand et Duchâtelet qui m'accompagnaient, dans une maison de la rue Cléry, où, après nous être barricadés, nous soutînmes un siége. Nous tirâmes par les fenêtres douze coups de pistolet qui blessèrent plusieurs des assaillants, et nous parvînmes enfin à nous évader par une cheminée, en courant de toit en toit, jusqu'à ce que nous trouvions une issue pour descendre.

« Ce danger échappé, je me déterminais à

partir pour l'Angleterre sans passe-port. Je m'embarquai, et je me trouvai bientôt à Douvres. »

Cartouche détaille ici ses liaisons avec un voleur de Londres ; nommé Makinston, ainsi que ses nouvelles prouesses, à la suite desquelles, dit-il, je commençai a être attaqué de cette maladie que les Anglais appellent *le spleen* ; je pris le parti de retourner en France. Enfin j'arrivai bientôt à Douvres, d'où je découvris ma terre natale.

A peine fus-je descendu chez moi, que tous mes lieutenants s'empressèrent de me rendre leurs devoirs, et un compte général en forme de journal, de ce qui s'était fait pendant mon absence. Je fis assembler tous mes gens, et je choisis pour Champ-de-Mars une carrière de Montmartre, où le lendemain, à la nuit tombante, je passai une revue générale. Tout étant inspecté, je commandai de reprendre les travaux.

Ma présence avait tout ranimé : bientôt de nouveaux exploits firent connaître aux Parisiens mon retour ; mais aussi bientôt toute la polisse de Paris fut à mes trousses. Les dangers continuels que je courais me firent regreter sincèrement le séjour de l'Angleterre. Mes intimes me sachant assez riche, me pressaient de penser à ma conservation. Enfin , je pris encore une fois le parti de me retirer en pays étranger pour y jouir de ma fortune ; mais ne voulant pas laisser ma troupe sans chef, je désignai pour me succéder Saint-Étienne, l'homme le plus intelligent que je connusse. Après son installation, ne voulant plus me lier à rien, afin de voyager avec la plus grande liberté, je méditais une retraite philosophique; mais le destin en avait autrement ordonné : je suis tombé dans le piège que j'avais su éviter tant de fois.

Cartouche fut condamné à être rompu vif. Le 18 novembre 1721, il fut conduit à la Grève où il fut exécuté. Le premier vol est la boule de neige qui va toujours en grossissant, une faute entraîne une autre faute ; quand la mesure est comble, la voix terrible se fait entendre. Alors le repentir ne peut arrêter le justice des hommes ; le criminel n'a plus d'espoir que dans la clémence divine.

# MANDRIN,

## Faux Monnayeur et Contrebandier français

Louis Mandrin naquit à Saint-Etienne de Saint-Géroit, en Dauphiné, le 30 mai 1724. Son père était un homme du peuple qui ne subsistait que par son travail et par ses vols. Quelques faux monnayeurs lui ayant appris à fabriquer des espèces, il fut dénoncé et poursuivi. Quelque temps après, ayant eu la témérité de faire feu sur quelques gardes, il fut tué dans le combat. Le jeune Mandrin ayant appris la mort de son père, jura de la venger. A peine fut-il en état de manier le marteau, qu'il s'exerça à contrefaire les monnaies ou à les altérer. La guerre survint; Mandrin s'enrôla et fit assez bien le métier de soldat qu'il n'aurait jamais dû quitter.

Mais la guerre n'était pas encore finie lorsqu'il déserta, emmenant avec lui deux camarades. Son capitaine, qui l'aimait ne voulut pas le déclarer déserteur. Pendant ce temps Mandrin se faisait une bande qui grossissait chaque jour, et qui l'avait adopté pour son chef.

Comme la côte de Saint-André a beaucoup de rochers, c'est là que Mandrin choisit son asile. Il était âgé d'environ vingt ans, et se voyait à la tête de dix ou douze déserteurs qui le regardaient comme leur père et qui ne vivaient que par sa fatale industrie.

Pendant que Mandrin contemplait attentivement un vieux château, on vint lui dire que le propriétaire venait de mourir. —Voulez-vous en faire l'acquisition, dit Roquairol, l'un des lieutenants? Il est à nous si vous me secondez. Mandrin, qui connaissait la capacité de cet homme, promit d'en passer par tout ce qu'il voudrait. Roquairol savait tous les préjugés du peuple ; il résolut d'en retirer avantage. La circonstance est favorable, dit-il à son capitaine, le défunt doit avoir quelques petites restitutions à faire, parce qu'il était procureur il s'agit d'aller pendant la nuit faire tapage dans toute la maison, culbuter les meubles, battre les gens, ils abandonneront bientôt la place. L'audacieuse entreprise eut un plein succès. Mandrin fit construire des fourneaux dans les souterrains, il fit fermer la grande entrée du château, où l'on n'arriva plus que par un sentier détourné.

Sur ces entrefaites, la veuve du procureur apprit par son fermier que l'on voyait un sentier battu au bout de sa maison. Un clerc du procureur défunt, soupçonnant la vérité, se joignit à quelques soldats. Ils marchèrent vers le château au nombre de quarante, avec des armes et de la résolution. Mandrin retiré dans le souterrain, s'apprêta à une vigoureuse résistance. Les archers étaient fort bien commandés ; ils avaient un prévôt qui fit les dispositions en homme du métier.

Mandrin n'omit aucun moyen prescrit par sa prudence ; en un mot, il se montra digne de son intrépide adversaire. Les assaillants enfoncèrent la porte avec des leviers, et mirent le feu à ce qu'ils ne purent rompre. L'attaque dura trois heures. Mais quel fut leur étonnement lorsqu'ils n'aperçurent personne ! Mandrin avait pris des défilés que le prévôt ignorait. Il vint jusqu'à Embrun ; de là il descendit à Avignon, et reprit les bords du Rhône pour se rendre à Viviers, où il comptait savoir quelques nouvelles de ceux qui avaient échappé au combat. On lui dit que plusieurs étaient morts de leurs blessures, et que l'on soupçonnait que Roquairol avait eu ce malheureux sort, mais que Perrinet était vivant. Mandrin continua sa route et se rendit à Lyon, où il s'engagea. Peu de temps après, il emporta l'argent du capitaine et lui débaucha trois hommes ; Perrinet le joignit de son côté avec quatre autres. Au bout de huit jours, la nouvelle bande montait à quatorze, tous gens proscrits, pleins de courage. Ils se rendirent sur les terres de Savoie, et apportèrent des marchandises de contrebande, malgré les rigueurs de l'hiver. Le 5 janvier 1754, ils les déposèrent au village de Curson, et le 7 ils apprirent que cinq employés de la brigade de Romans étaient à leur poursuite. Mandrin sourit à cette nouvelle, et vit avec un plaisir secret qu'il touchait au moment d'entamer le projet de ses vengeances. Il laissa trois hommes pour la garde de ses marchandises, en envoya un à la découverte, et marcha avec quatre autres. Les employés étaient sans défiance. Mandrin alla à leur rencontre ; il les aborda honnêtement, en leur faisant croire qu'il était lui-même employé ; mais à peine eut-il remis le chapeau, qu'il fit une décharge de tout son monde, qui tua le brigadier avec un employé, et en blessa deux autres, dont un ne vécut que deux jours.

Le bruit de ces violences fut porté en cour ; le roi envoya des troupes pour combattre Mandrin, qui, à cette nouvelle, songea à faire des soldats, et chercha à faire des recrues dans les prisons.

Sur la route de Bourgogne, il rencontra des soldats du régiment d'Harcour. L'envie de commencer des actes d'hostilité sur les troupes du roi le précipita au milieu d'eux. Les cavaliers attaqués mirent le sabre à la main ; un de leur troupe fut tué dans une décharge. Sa mort termina le combat, dans lequel il y avait plus d'ardeur que d'égalité. Mandrin ne dut cette faible victoire qu'à la supériorité de ses forces. Le lendemain, 13 décembre, il se rendit à Seurre, chercha les employés, enfonça la porte de la maison du capitaine-général, ouvrit ses armoires et prit tout cé qu'il trouva Il ordonna ensuite qu'on lui amenât les receveurs du grenier à sel et de l'entrepôt de tabac, pour leur prescrire la dure condition de compter de l'argent et de prendre du tabac. Il leur dit : Je sais, messieurs, ce que l'honneur et la, probité exigent de moi. Vous êtes en place, vous êtes comptables, il est juste que je vout donne un reçu des sommes que je vous demande; croyez qu'on le respectera. Il le fit, et signa le *capitaine Mandrin*. Le 18 du même mois, Mandrin se présenta sous les murs de Beaune. Sur l'avis qu'on lui donna que la bourgeoisie était sous les armes, il s'arrèta à quelque distance de la ville, et fit ses dispositions. La porte qu'il attaqua fut défendue avec beaucoup de vigueur. La garde bourgeoise fit un feu très-vif du haut des remparts. Mandrin les menaça de faire sauter leur porte avec un pétard, ou d'y mettre le feu. Il s'avança ensuite à la tête des travailleurs et l'enfonça. La chaleur de l'action lui permit encore de connaître quelque modération. Il pouvait ordonner le pillage ; il arrêta sa troupe sous la porte même, et défendit les décharges. Comme il n'en voulait qu'à la ferme, il se fit amener le maire et lui tint ce discours : Je suis ce Mandrin si connu dans le royaume, la terreur de la ferme et le libérateur des citoyens. Je ne viens point, en ennemi de l'Etat, apporter parmi vous les horreurs de la guerre. Beaune est à moi ; je puis y porter le fer ou la livrer au pillage ; mais je respecte le sang des citoyens innocents : un autre sujet m'amène. Vous avez dans le sein de la ville deux bureaux qui me doivent des droits ; je les taxe à vingt mille francs : hâtez-vous de me faire compter cette somme par les mains du receveur du grenier à sel et du tabac. Si vous balancez, vous devenez coupable : tremblez pour ces murs, craignez pour vous. Arrête, dit le maire, s'il ne faut que de l'argent pour écarter les horreurs dont tu nous présentes l'image, je trouverai de quoi satisfaire ton avarice. J'ai une maison, j'ai des biens, je te les abandonne ; suis mes pas, prends l'or que je possède ; mais épargne ce peuple !

Cependant les receveurs, instruits de la généreuse fermeté du maire, ne voulurent pas souffrir qu'il portât seul le poids d'une guerre qui n'était allumée que contre eux ; ils firent promptement une somme de vingt mille francs. Mandrin la reçut des mains du maire, et sorti de la ville. Autun reçut le lendemain une visite semblable. Mandrin rencontra sur son chemin de jeunes séminaistes qui allaient prendre les ordres à Châlons ; il les fit rebrousser chemin. Les portes de la ville étaient fermées. Mandrin s'empara des faubours, alluma des torches et tint les échelles prêtes. Ensuite, s'avançant vers la ville, il fit dire au maire que si les deux receveurs de sel et de tabac ne lui faisaient pas remettre la même somme que ceux de Beaune, il allait voir le sang couler, les faubourgs embrasés, la ville escaladée, les plus beaux édifices renversés, et tout au pillage ; pour aider à les déterminer, il lui monra la bande de séminaristes qui était en son pouvoir, et dit que c'étaient-là ses otages. Ces jeunes gens étaient pour la plupart de la ville : les pères et les mères jetèrent des cris perçants à ce spectacle. Le maire proposa d'appeler Mandrin et de traiter avec lui ; celui-ci voulut que sa troupe entrât. On ouvrit les portes ; il la mena droit à l'Hôtel-de-Ville. On lui compta son argent, il rendit les séminaristes, ouvrit les prisons et sortit.

Les troupes que la cour avait envoyées pour réprimer ces désordres arrivèrent enfin aux environs d'Autun ; Mandrin était alors dans la paroisse de Brion ; il s'arrêta auprès du village de Grenade, et s'y retrancha. M. de Ficher, qui commandait les troupes légères, s'avança pour le forcer ; il trouva les retranchements très-profonds et plus réguliers qu'il n'avait cru devoir l'attendre. Mandrin, ayant fait réflexion qu'il ne pouvait se conserver dans ce poste, que les gens du pays pouvaient lui tomber sur les bras; que toutes les troupes qu'on lui opposait étaient harassées d'une longue marche, tint son conseil de guerre; il fut résolu que l'on saisirait le moment, et que l'on sortirait sans délai. Il quitta donc ses retranchements dès le jour même, et marcha le premier contre les troupes de son roi. M. de Fitchers qui ne s'attendait pas à son mouvement, fit des dispositions à la hâte : Mandrin avait fait les iennes; il parut à la tête de ses troupes, monté sur un cheval fin et le sabre nu. Après avoir harangué ses compagnons , il fit faire une décharge qui incommoda beaucoup : les hussard et les dragons tinrent ferme et répondirent de même. Le feu devint vif et roulant. Mandrin se porta partout où il y avait du danger, il vola de rang en rang , encouragea, pria , pressa, promit. Il semblait se multiplier pour suffire à tout; enfin après un combat de fureur et d'acharnement, ses trois corps de bataille furent enfoncés presqu'à la fois, poursuivis la baïonnette dans les reins et dispersés. Les contrebandiers ne firent plus rien de remarquable depuis ce temps. Il est vrai que leur capitaine se trouvait bien pressé par les troupes légères qui étaient à sa poursuite, et qu'il ne leur échappait que par des marches et contre-marches , ce qui le réduisait à tuer pour se venger, et à voler pour vivre. Enfin , il donna dans les piéges qu'on lui tendit. Un de ses camarades e vendit aux employés. I fut pris la nuit, lié dans toute la longueur du corps, et conduit, ou plutôt apporté à Valence, le 10 mai 1755 avec cinq de ses camarades, et jeté dans les prisons de la cour souveraine. Aux bruits de la détention de Mandrin, on accourut de toutes parts pour voir ce coupable dans lequel on prétendait trouver quelque chose de grand. Il avoua ses crimes et pleura. Le 26 mai, il monta sur l'échafaud, et fut rompu vif.

*Les talens, la valeur qu'accompagne le vice*
*Ne sauraient nous soustraire aux plus affreux*
*[ supplice. ]*

---

# LES BRIGANDS D'AUVERGNE ,

## ou

### L'AUBERGE DU CHEVAL MORT.

C'était en 1760, la marquise de Monderson, l'une des dames de la cour de Louis XV, résolut d'aller paser quelque temps près de une de ses parentes, prieure de l'abbaye d

Sain-Yon , située dans les montagnes de l'Auvergne.

Elle partit donc dans une chaise de poste, accompagnée seulement de son veil homme d'affaires ; la voiture arriva au milieu d'une plaine immense, qui n'était ombragée par aucun arbre.— Ou sommes-nous, postillon, demanda la marquise. — *Au Bris-de-Voiture*, madame; on voit d'ici la croix à la suite de laquelle nous aurons encore trois mortelles lieues de plaine à parcourir. — Il me semble que nous n'avons pas pris ce chemin en venant. — C'est que madame la marquise y aura passé la nuit, ou qu'elle aura traversé le bois que l'on voit à droite. — Le chemin par le bois est donc plus long que celui-ci ? — Non, madame. — Pourquoi donc ne pas le prendre ? Il me semble que nous nous trouverions tous très-bien de voyager à l'ombre; et il me semble que vos chevaux sont trop fatigués pour supporter encore pendant trois lieues la chaleur du soleil.

—Madame.... certainement.... mais c'est qu'il court des bruits sur ce bois; on parle de

voleur?...—Bon ! des contes de bonne femme.
— Madame la marquise, dit l'homme d'affaires, me permettra-t-elle de lui faire observer qu'il ne serait pas prudent.... —Je ne pense point que vous ayez peur, monsieur Firmin ? —Non sans doute je n'ai pas peur, madame ; mais à quoi bon chercher le danger ? — Mais, mon cher monsieur, songez donc qu'il est à peine midi. Au reste, nous sommes tous deux bien armés... Postillon, suivez le chemin du bois, et je double vos pour-boire. Le postillon avait plus d'une raison pour se montrer docile aux volontés de la marquise ; aussi s'engagea-t-il dans le bois sans répliquer. M<sup>me</sup> de Monderson était d'une humeur charmante, et riait aux éclats de l'air sérieux de son homme d'affaires. Cependant la voiture roulait depuis plus de six heures, le jour commençait à baisser, et 'on n'apercevait point l'extrémité du bois. L'homme d'affaires en fit la remarque et demanda au postillon à quelle distance on était du relais. Ma foi, monsieur, répondit-il, je commence à croire que j'ai pris, au dernier carrefour, un chemin pour l'autre. Je ne passe

jamais par là, et il n'est pas extraordinaire que je me sois trompé. Voulez-vous que je retourne sur mes pas? — Ce serait peut-être le plus sage, dit l'homme d'affaires. — Cependant, reprit le postillon, en continuant à suivre cette route, j'ai la certitude de ne pas tarder à me reconnaître. — Pressez donc vos chevaux, car le jour va finir. — Mes chevaux! ça vous est bien aisé à dire : il y a plus de deux heures qu'ils devraient être sur la litière ; les pauvres bêtes n'en peuvent plus. — Ce retard est causé par votre maladresse. — Ce n'est pas ma faute si madame la marquise a eu une fantaisie.... Et tenez, ne vous découragez pas ; j'aperçois l'auberge du *Cheval mort*. Ça n'est pas un hôtel de première classe ; mais vous pourrez y passer une bonne nuit, et, demain matin, mes chevaux un peu remis vous mèneront lestement. Pendant ce colloque, la marquise réfléchissait, et elle commençait à se repentir d'avoir si facilement cédé à un caprice ; mais, au point où elle en était, il lui paraissait plus dangereux de rétrograder que d'avancer ; elle ne dit donc pas un mot ; mais elle s'assura que ses armes étaient en bon état, et elle renouvela l'amorce de ses pistolets. Le postillon arrêta ses chevaux à la porte de l'auberge, dont la chétive apparence répondait parfaitement à la singularité de son enseigne. Au bruit de la voiture, une femme d'environ trente ans, dont le regard louche n'avait rien de bien rassurant, se présenta à la porte, et donna la main à la marquise. M. Firmin, encore plus inquiet que sa maîtresse, descendit à son tour, demanda une chambre, et fit apporter dans l'intérieur les coffres et les cartons de madame. La femme en indiqua une au premier ; et, comme il ne faisait presque plus clair, elle donna environ la moitié d'une chandelle pour y monter, en disant qu'il ne lui en restait pas davantage, et que la ville était trop loin pour s'en procurer ce soir-là. Vous aurez au moins quelque chose pour souper, reprit M. Firmin.—Monsieur, toutes nos provisions sont consommées ; il ne nous reste que du pain bis, du vin et un morceau de fromage. — Quoi! pas un œuf, une tranche de lard ? — Non, monsieur. — Donnez-nous e

que vous avez. La femme revint avec les met
peu recherchés qu'elle avait promis. — L'aubergiste se retira, et la marquise fit part de se
craintes à M. Firmin, qui lui avoua qu'il n'é-
tait pas plus rassuré qu'elle.

Après souper les voyageurs examinèrent la
chambre dans laquelle ils se trouvaient. Elle
était boisée tout à l'entour en planches de sapin
mal jointes. Un endroit, sur lequel on avait
fraîchement collé du papier, attira les regards
de la marquise; elle arracha les bandes de papier, dérangea une porte qui tourna sur se
gonds, et vit avec effroi un homme debout, qui
paraissait blotti dans cette étroite cachette. Elle
appela M. Firmin, qui faisait son inspection
d'un autre côté; mais de quelle horreur ne fu-
rent-ils pas saisis quand ils reconnurent que ce
que la marquise avait pris pour un assassin était
le cadavre de quelque malheureux voyagenr;
il avait au sein gauche une plaie profonde, et
c'était probablement faute du temps de s'en dé-
barrasser d'une autre manière, qu'on l'avai
placé à la hâte dans cette espèce d'armoire au
moment de leur arrivée. Le papier collé sur les

fentes l'avait été pour détourner leur attention de cet objet. Ils refermèrent la porte de leur mieux, en appuyant une chaise contre elle; ils revinrent à celle de la chambre, et entassèrent devant tous les meubles qu'ils crurent les plus capables de faire résistance. L'homme d'affaires tira ensuite un matelas du lit, et le mit par terre, derrière les meubles, dont le mouvement ne manquerait pas de le réveiller, s'il se laissait aller au sommeil.

La chandelle, presque usée, fut placée par terre à côté du matelas de M. Firmin, sur lequel celui-ci se jeta tout habillé. La marquise, de son côté, se mit de même sur le lit, avec la précaution de tenir d'une main son couteau de chasse, et de l'autre un pistolet, en cas de surprise. Là, n'osant se communiquer leurs idées, de peur d'être entendus, ou de ne pas entendre ce qui se passerait autour d'eux, ils se livraient à des réflexions d'autant plus tristes, que leur umière, qui ne tarda pas à s'éteindre, les laissa une profonde obscurité.

Sur le minuit, un bruit faible d'abord et fait entendre dans la boiserie : la marquise est déjà sur pied, et M. Firmin, qui ne s'était point endormi, s'avance en tâtonnant du côté opposé. Une porte, qu'ils n'avaient point remarquée, s'ouvre et sert de passage à deux hommes armés de poignards, qui, marchant sur la pointe du pied, s'éclairent avec une lanterne sourde portée par l'un d'eux. M. Firmin plonge fvec force son couteau de chasse dans la gorge de celui qui se trouve près de lui, et la marquise frappe du tranchant du sien le poignet de celui qui portait la lumière, qui tombe et s'éteint. Tandis que, pour la rallumer, l'homme d'affaires cherche un briquet phosphorique dont il s'était muni, la marquise, qui a re-aermé la porte et s'est adossée contre, menace es deux meurtriers de ses pistolets, s'ils poussent le moindre cri. Cette crainte ne pouvait rien sur celui qu'avait frappé M. Firmin, car il était déjà mort quand la lumière fut rallumée. Quant à l'autre, il essaya de sauter par la fenêtre ; mais la marquise l'arrêta en le menaçant de lui brûler la cervelle, et il rentra dans la chambre hors de laquelle il était sur le point de se précipiter. Où, et combien sont tes complices? lui demanda la marquise. — Dans les caves, au nombre de sept, où ils attendent le succès de notre entreprise. — La maîtresse de l'auberge et le postillon?..—Sont compris dans ce nombre. — C'est assez; je vais te mettre un mouchoir sur la bouche, et t'attacher aux barres de ce lit; si tu bouges, tu es mort. A défaut de cordes, ils déchirèrent les draps par bandes et s'en servirent pour garrotter ce misérable, de manière à lui ôter tout moyen de s'échapper. Maintenant, le chemin des caves? — La porte en est ouverte, au pied de ce petit escalier. Un épais bâillon étouffa ses cris, ensuite l'intrépide marquise fouilla les deux brigands et leur trouva à chacun, outre leurs poignards, une paire de pistolets. Elle s'en empara et en donna deux à M. Firmin. Ils descendirent le petit escalier, trouvèrent la porte des caves, y pénérèrent, et virent au fond d'un long couloir une ueur assez vive qui leur fit présumer que c'était là l'endroit où se trouvaient les brigands. Une lampe suspendue à la voûte éclairait assez mal ce séjour, et deux chandelles placées sur la table où la compagnie s'amusait à boire et à jouer, suppléaient à la faiblesse de cette lumière. Nos gens ne ménageaient point leurs pas, de sorte qu'ils furent entendus des bandits. Le postillon, qui faisait une partie de cartes avec trois autres, demanda, sans se déranger, si on avait réussi.

— Parfaitement, dit la marquise. Et elle lâcha sur la troupe ses deux coups de pistolets. M. Firmin en fit autant : cette brusque attaque jeta l'épouvante parmi les voleurs; trois d'entre eux tombèrent en poussant des cris horribles; la femme s'enfuit vers le fond, et les trois qui n'avaient point été blessés se réunirent et s'avancèrent le sabre à la main contre les assaillants; mais une seconde décharge en mit encore deux hors de combat. Le troisième, voyant ses camarades hors d'état de le seconder, tomba à genoux en demandant grâce. La marquise fut sans pitié, et lui donna la mort avec son couteau de chasse. Ils s'enfoncèrent dans les caves à la poursuite de la femme qui s'était blottie entre deux futailles vides. Ils la ramenèrent sur le champ de bataille, et lui demandèrent si elle avait encore des complices. Cette misérable jeta les yeux autour d'elle, et di tqu'il n'en existait pas d'autres actuellement que les deux qui les avaient trahis ; elle demanda la vie , qu'on lui accorertoLa porte des caves fut fermée avec soin ; 'on remonta avec la maîtresse de l'auberge dans la chambre, où elle frémit en voyant un de ses complices mort, et l'autre blessé et enchaîné. On la garrotta de même, en lui renouvelant l'assurance qu'il ne lui serait fait aucun mal. Dès qu'il fit jour, la marquise, se chargeant de la garde des prisonniers, envoya son compagnon préparer la chaise de poste. Quand il eut attelé, il remonta chercher, à diverses reprises e, les effets de sa maîtresse et les siens. Ils forcèrent ensuite leurs prisonniers à descendre et à se placer dans la voiture, à côté de la marquise ; M. Firmin ouvrit les portes, fit sortir la chaise de poste, et tournant les chevaux du côté où l'aubergiste indiqua que se trouvait l'endroit habité le plus voisin, il se mit à la place du postillon après avoir bien refermé les portes, dont il prit les clefs

Arrivée à laville voisine, la marquise si fit conduire chez le magistrat, qui reçut sa déposition et les clefs de l'auberge. Quant aux prisoniers, ils furent mis au cachot et ne tardèrent pas à subir le dernier supplice.

*Du crime quels que soient les chemins, les détours,*
*La justice de Dieu ne va point à rebours.*

---

## DICK ADAMS,

### Voleur anglais.

—

Dick Adams naquit, dans le comté de Glocester en Angleterre, de parents peu favorisés de la fortune. Son éducation fut celle des gens de sa condition, et il paraissait destiné à embrasser l'humble profession de son père, lorsqu'il fut tout-à-coup saisi du désir violent de se rendre à Londres ; il vint donc dans cette apitale, malgré les représentations que lui firent ses parents, et entra au service d'une duchesse. Deux ans s'écoulèrent, après lesquels la conduite d'Adams ne paraissant pas régulière,

il fut chassé. Le rusé voleur avait prévu ce dé-
nouement, et il s'était mis en mesure pour ne
pas partir les mains vides : il possédait une
double clé de toutes les issues de la maison.
Le jour même où il fut chassé, il se rendit en
toute hâte chez un marchand de soieries du
voisinage, lui dit que la duchesse, devant se
rendre à la cour le lendemain, elle le priait de
lui envoyer une certaine quantité des étoffes
les plus riches, afin qu'elle pût choisir. Le marchand rassembla à la hâte ce qu'il avait de plus
nouveau et de plus précieux, en fit un ballot
dont il chargea un commis, lequel suivit
Adams, qui, arrivé à l'hôtel de la duchesse,
introduisit, à l'aide de ses fausses clés, le commis dans une espèce d'antichambre. Donnez-
moi ce paquet, lui dit-il, et attendez-moi ici ;
la duchesse va faire son choix. Le commis lui
ivra ses marchandises sans défiance ; Adams
sortit par une autre porte et s'enfuit avec sa
proie. Un mois s'écoula pendant lequel Dick
mena joyeuse vie ; mais, un soir qu'il avait bu
un peu plus que de coutume, il fut assez mal
inspiré pour passer devant la boutique du

marchand de soieries, qui l'ayant reconnu , le saisit au collet, et s'en rendit maître avec l'aide de ses commis. Maintenant que je vous tiens, maître fripon, disait le marchand , je vous ferai payer cher votre audace , et il faudra bien que vous me donniez des nouvelles des marchandises que vous m'avez volées.

Dick fut d'abord interdit et ne put répondre un mot; mais regardant autour de lui et apercevant la voiture de l'évêque de Londres qui s'avançait de ce côté, il dit au marchand : Je sais que j'ai eu des torts envers vous, mais ce n'est qu'une étourderie de jeunesse, et j'aperçois fort heureusement la voiture de mon oncle l'évêque, qui ne voudrait pas que son neveu fût déshonoré pour une pareille misère. Accompagnez-moi, et le prélat va vous indemniser convenablement.

Le marchand n'avait garde de refuser la proposition. Adams s'avança vers la voiture et dit au cocher d'arrêter, et s'étant approché de la portière, il demanda à l'évêque la permission de lui dire quelques mots. Le prélat voyant un homme de bonne mine et fort bien couvert, lui dit de s'expliquer. Monseigneur, dit Adams, l'homme que Votre Grâce voit à deux pas de moi est un riche marchand de soieries, homme de bien sous tous les rapports, qui a eu le mal-heur de lire un grand nombre d'ouvrages de théologie, ce qui lui aura quelque peu troublé sa raison; il assure que sa conscience ne sera en repos que lorsque votre seigneurie aura bien voulu l'éclairer sur plusieurs points im-portants. — Je le ferai volontiers, dit le pré-lat; amenez-moi cet homme demain matin, je m'engage à le satisfaire.

Le lendemain, ils se rendirent à l'hôtel du prélat, qui ne tarda pas à faire introduire le marchand dans son cabinet. — Eh bien! mon fils, lui dit le prélat, il paraît que vous avez l'esprit inquiet. — Je l'ai eu, il est vrai, mon-seigneur; mais je suis bien plus tranquille de-puis que votre seigneurie m'a promis de me satisfaire... Voici le mémoire, et je vous prie de croire que je vous compte chaque article au plus juste prix; car il me serait impossible d'en rabattre un schilling. — Qu'est-ce à dire? s'écria l'évêque, vous prétendez que j'acquitte ce mémoire? — J'espère que votre seignerie voudra bien m'en faire compter le montant, ainsi qu'elle me l'a promis hier. — Vraiment, je ne m'étonne pas que vous n'ayez point la conscience en repos, puisque vous voulez me faire payer des choses que vous ne m'avez pas fournies. — Votre seigneurie n'a-t-elle pas pris l'engagement de me satisfaire? — Certainement; sur tous le points en matière de religion. — Votre neveu s'est exprimé tout différemment, et vous devez savoir que je n'ai pas fait jeter en prison un de vos parents, ainsi que j'en avais le droit. — Mais je n'ai pas de neveu, dit le prélat. Le marchand, comprenant qu'il était une seconde fois la dupe d'un adroit voleur, sortit précipitamment du cabinet de l'évêque : mais Dick était déjà bien loin.

Quelque temps après, Adams s'engagea dans les gardes-du-corps; puis il devint le chef d'une bande de voleurs de grand chemin ; mais, arrêté en flagrant délit, il fut conduit à Newgate, condamné à être pendu, et exécuté en mars 1613.

*En vain les criminels rêvent l'impunité;*
*Tôt ou tard leur trépas venge l'humanité*

---

# JEAN BUCKLER,

### BRIGAND ALLEMAND.

—

Jean Buckler, né en 1779, sur la rive droite du Rhin, n'avait encore que neuf ans lorsqu'il se rendit en Prusse avec sa mère, pour y rejoindre son père, qui, après avoir servi quelque temps dans l'armée autrichienne, venait de déserter et d'obtenir une place de garde-forestier. Jean fut mis à l'école, où il fit de rapides progrès. Jusqu'à l'âge de seize ans, no n'avait eu rien à lui reprocher, lorsqu'une circonstance de peu d'importance en elle-même vint décider du reste de sa vie : Un cabaretier, son voisin, le pria un jour de remettre à des contrebandiers qui lui fournissaient de l'eau-de-vie, une somme de 24 fr. Le jeune homme se chargea volontiers de la commission ; mais le hasard voulut qu'en se rendant au lieu où se trouvaient les contrebandiers, il fît rencontre de quelques jeunes gens de sa connaissance, assez mauvais sujets, qui l'entraînèrent dans un cabaret où tous ensemble ils commencèrent par vider quelques bouteilles. Une fois la tête montée, Jean voulut à son tour régaler ses amis ; on resta à table toute la journée, et, lorsque les convives se séparèrent, il ne restait pas à Buckler un sou du louis que lui avait remis le cabaretier. Le grand air ayant un peu dissipé les vapeurs qui lui obscurcissaient le cerveau, il se demanda ce qu'il allait faire, et comment il pourrait reparaître chez lui ; il finit par prendre la résolution de courir le pays. Il marcha toute la nuit et une partie de la matinée. La faim ne tarda pas à se faire sentir ; et comme en ce moment il passait devant une auberge à la porte de laquelle était attaché un cheval dont le propriétaire venait de mettre pied à terre, il détacha l'animal, sauta en selle et s'enfuit à toute bride. Deux heures après, l vendit le cheval à un maquignon, ce qui lut permit de vivre encore quelque temps sans inquiétude ; puis, quand il eut tout dépensé il songea à faire une nouvelle capture. Ce fut alors qu'il fit la connaissance d'un boucher de

la ville voisine; ils devinrent bientôt amis intimes, et passaient souvent des jours entiers au
cabaret. Il suivit de ce goût un déficit assez
considérable dans les finances du boucher.
Jean, voyant l'embarras de son ami, voulut
l'en tirer, et ne trouva pas pour cela d'expé-
dient plus simple que de voler la nuit des moutons qu'il cédait ensuite au boucher pour le
tiers de leur valeur. Malheureusement, l'ex-
pédient que Buckler avait trouvé ne pouvait
être employé longtemps et sans danger. Le
voleur de moutons fut arrêté en flagrant délit,
mis en prison; mais il parvint à s'évader avant
le jugement. Il se jeta alors dans les cantons
du Hochwal, où se trouvaient plusieurs ban-
ues de brigands très-redoutées; il rencontrn
bientôt les deux principaux chefs de ces bandes, Finck et Pierre-le-Noir, qui le reçurent
parmi eux et eurent bientôt lieu d'applaudir
à son audace, à son adresse et à son activité.
Buckler avait surtout une grande prédilection
pour les vols de chevaux. Il montra tant d'é-
nergie, fut si heureux et si adroit dans une
foule d'expéditions, que la troupe nombreuse

dont il faisait partie se rangea sous son autorité, et le reconnut pour chef. Il changea son
nom de Jean Buckler contre celui de *Schinder-
Hannes*, ou *Jean l'Écorcheur*.

La troupe que commandait Hannes, se re-
crutant tous les jours, devint bientôt si considérable que, dédaignant en quelque sorte le
butin des grandes routes, le chef attaquait
souvent des villages entiers, soutenait, quand
il le fallait, des combats réguliers contre les
habitants, et levait des contributions aussi
tranquillement que l'eût fait un général d'armée en pays ennemi. Quand il s'agissait de
pénétrer dans une maison où il avait à craindre de rencontrer quelque résistance, le capitaine se présentait toujours le premier, suivi
seulement de deux hommes, après avoir donné
l'ordre à sa troupe, qui entourait la maison,
de faire feu sur quiconque s'approcherait de
trop près.

Hannes se trouvant un jour en embuscade
sur la grande route, et n'ayant avec lui que
deux hommes, aperçut une troupe de quarante
juifs qui revenaient de la foire de Kreutznach.
Sachant quelle était la terreur qu'il inspirait

à cette classe d'hommes, il n'hésita pas à attaquer cette troupe, et les juifs ne songèrent
même pas à faire la moindre résistance; mais
Hannes les ayant fait fouiller, et ayant reconnu qu'ils ne possédaient tous qu'une misérable somme en menue monnaie, il ne voulut
pas la leur enlever; seulement, comme il était
en gaîté, malgré le défaut du butin, il ordonna
à ces quarante malheureux d'ôter leurs bas et
leurs souliers; les pauvres diables obéirent; et,
lorsque tous ces bas et ces souliers furent réunis en tas, les trois brigands les mêlèrent si bien
avec le bout de leurs fusils, qu'il eût fallu un
temps considérable pour appareiller cette dé-
froque. Allons, dit Schinder, que chacun re-
prenne ce qui lui appartient, et dépêchez; car
je brûle la cervelle, sans miséricorde, au dernier chaussé. Les juifs se jetèrent aussitôt sur
les chaussures, et comme il était impossible
que chacun retrouvât promptement ce qui lui
appartenait, il en résulta une mêlée, un dé-
luge d'injures, et tous finirent par se battre, à
la grande satisfaction des brigands qui riaien
à se tenir les côtes, et se retirèrent avant ne
le ccombat fût terminé.

Cette bande redoutable prospéra tant que la France et l'Autriche furent en guerre, les autorités des deux pays ne pouvant s'entendre et agir de concert à son égard ; mais dès que la paix fut conclue, des mesures si énergiques furent prises sur les deux frontières, que la bande se dispersa. Hannes erra longtemps seul; ses ressources s'épuisèrent, et pour échapper aux recherches actives dont il était l'objet, il prit le parti de s'engager dans un régiment autrichien, mais cela ne put le sauver : il était connu de trop de gens, pour que, maintenant qu'il n'inspirait plus de terreur, quelqu'une de ses victimes ne le rencontrât bientôt et ne se livrât à la justice. Ce fut ce qui arriva à Limbourg, où il fut arrêté vers la fin d'avril 1802. Tant qu'il se vit confié à la garde des soldats autrichiens, il ne désespéra pas de se sauver ; mais, conduit à Mayence, bien escorté, et remis aux gendarmes français, tout espoir l'abandonna, et il s'écria : « Tout est fini pour moi! je suis perdu ! » Ce n'était cependant pa la mort qui l'effrayait, mais le supplice de la roue, auquel il craignait d'être condamné. Il ne cessa de défendre avec chaleur son père.

Enfin, Schindər-Hannes et 19 de ses complices furent condamnés à la peine de mort ; son père et quinze autres aux travaux forcés ; quatre autres à deux ans de prison ; plusieurs furent acquittés.

Hannes entendit prononcer la sentence avec sang-froid ; il remercia les juges d'avoir épargné la vie de son père. Au jour de l'exécution, c'est-à-dire dans la matinée du vingt novembre 1803, Hannes reçut avec respect le prêtre qui vint lui offrir les secours de la religion ; au pied de la guillotine, il demanda, après l'avoir attentivement regardée, si avec cet instrument la mort était prompte, et parut satisfait de la réponse qui lui fut faite. Vingt-cinq minutes après, il avait cessé de vivre, ayant été exécuté le vingtième et le dernier.

> *La plus petite circonstance*
> *Peut nous conduire à la potence.*

# MARCO SCIARRA,

## BRIGAND NAPOLITAIN.

Au milieu des guerres civiles qui, pendant le 16ᵉ siècle, désolèrent l'Italie, plusieurs bandes de brigands surgirent de ce désordre, répandant la dévastation dans le royaume de Naples et dans les états voisins. La position que Marco Sciarra, l'un des chefs de ces bandes, avait prise dans les montagnes de l'Abruzze, était en quelque sorte inexpugnable, et lui donnait les moyens de faire de fréquentes excursions; en outre, il avait fait alliance avec les autres chefs de bandits, ce qui lui permettait de réunir une espèce d'armée et de tenir ouvertement la campagne; aussi l'avait-on surn'memée : *Redella campagna*. Il eut en mêm omps assez de génie pour s'appuyer sur les par- ṭn nombreux qui divisaient le pays. Mais rien edétait sacré pour lui; il fallait du butin quan

même : il eût plutôt dépouillé ses amis, les no-
bles patriotes, que de regagner, les mains vides,
les terribles montagnes d'où il était descendu
dans l'espoir de faire quelques rencontres fruc-
tueuses. Enfin, il devint bientôt si redoutable,
et commit de tels excès, que le gouvernement
espagnol, qui pesait sur une partie de l'Italie,
envoya des troupes contre lui.

Marco Sciarra ayant eu connaissance de ces
préparatifs, résolut de tenir tête à l'orage.

Pendant quelque temps les succès se balan-
cèrent entre les troupes espagnoles et les bandes de Sciarra; mais enfin, vers le mois d'avril
1588, ce brigand audacieux se trouva serré de
si près par des forces imposantes, que jugeant
toute résistance impossible, il s'empressa de
se retirer dans les états de Rome. Les Espagnols ne pouvant le poursuivre sur ce terrain
sans un bref du pape, le sollicitèrent et l'obtinrent; mais au moment où le commandant espagnol, muni de ce bref, entrait dans les mtns
Romains, Sciarra, à la tête de sa petite armée,
repassait la frontière, entrait sur le territoire
de Naples et recommençait ses exploits sur le

grands chemins, attaquant les maisons isolées, les villages, et même des villes qu'il mettait à contribution, en traitant de puissance à puissance avec les autorités.

Cependant le commandant espagnol le suivait de près; il était même sur le point de l'atteindre, lorsque Sciarra, trompant de nouveau toutes les conjectures de son adversaire, repassa sur le territoire des Etats Romains. Mais cette fois, les bandits eurent beaucoup de peine à s'échapper; car non seulement le commandant espagnol avait laissé une partie de ses forces dans les Etats Romains, mais le pape lui-même avait fait marcher des forces imposantes de concert avec les Espagnols. Sciarra toutefois n'en fut pas épouvanté; il manœuvra en général habile, et parvint à regagner les montagnes de l'Abruzze, où, pendant six mois, il soutint une suite de combats qui furent tous à son avantage ; dans un de ces combats, le commandant espagnol fut lui-même bléssé mortellement, et ses troupes découragées reprirent le chemin de Naples.

Plus d'une année s'écoula sans que l'on son

geât à inquiéter Marco. Un jour, à la téte d'un détachement de sa bande, il rencontra sur la route de Naples à Rome, une troupe de voyageurs. En un instant les sangles des mulets et des chevaux furent coupées, tous les voyageurs, qui s'étaient couchés la face contre terre, selon l'ordre des brigands, furent dépouillés de tout ce qu'ils possédaient. Un seul osa rester debout, et, sans faire attention aux menaces dont il était l'objet, il s'avança vers le chef et lui dit : — Je suis le Tasse. — Le poète ? s'écria Sciarra, et, mettant un genou en terre, il prit la main du grand homme et la baisa respectueusement ; puis il ordonna que l'on rendît à ses compagnons de voyage tout ce qui leur avait été pris, et leur donna une escorte pour qu'il pussent continuer leur route sans danger.

Sur ces entrefaites, le vice-roi espagnol avait rassemblé une armée de quatre mille hommes, qui , sous le commandement de Spinelli, marcha contre Sciarra; mais le brigand n'en fut pas épouvanté : dès que l'armée espagnol fut entrée dans l'Abruzze, il marcha à sa rencontre, l'attaqua hardiment, et la tailla en pièces dans un combat terrible, où Marco blessa de sa propre main le général espagnol. Cette affaire fut décisive, et le peu de troupes qui échappèrent, retournèrent à Naples dans le plus grand désordre.

Marco, profitant de sa victoire, prit plusieurs villes, et entre autres celle de Lucéra dont il fit le siége, et où l'évêque fut tué; puis il revint dans ses montagnes avec une immense quantité de butin.

Le grand-duc de Toscane ne dédaigna pa, d'entamer des négociations avec Marco Sciarra et il engagea les Vénitiens à donner à ce chef de brigands, devenu si puissant, le commandement de leur armée dans la guerre qu'ils soutenaient contre les Uscocchi. Sciarra, serré de près par des forces beaucoup plus considérables que celles qu'il avait combattues jusque là, remit à son frère Luca Sciarra, le commandement de ses bandes et accepta la proposition des Vénitiens.

Profitant de sa situation, il envoyait à son frère des armes et des munitions en abondance. Alors, le vice-roi renonçant à détruire ces brigands pa la force, employa la ruse : il par-

vint, à force d'or, à gagner quatorze des brigands, et l'un de ces derniers ayant rencontré
Marco Sciarra au moment où celui-ci débar-
quait pour visiter ses anciens compagnons, il
le poignarda. Ces quatorze scélérats obtinrent
leur grâce; la mort du chef entraîna la dispersion des bandes.

L'audace ne peut soustraire un criminel à la
vengeance divine : plus le triomphe du vice se
prolonge, plus la punition qui l'attend est écla-
tante.

La main d'un traître remplaçant celle du
bourreau, apaise la voix du sang.

---

## DAMIEN HESSEL,
### BRIGAND ALLEMAND.

—

Damien Hessel fut l'un des chefs déterminés
de ces bandes qui, vers le commencement du
19° sècle, inondèrent les bords du Rhin, et
dont le courage éaalitg la scélératesse.

Né à, Paderborn le 3 mai 1774, d'un fabricant de tabac, Hessel fut d'abord destiné au parti de l'église. Une étourderie de jeune homme, étant au gymnase de Paderborn, le détermina à abandonner le toit paternel, et à . ortir de la ville pour se dérober à la punition qui l'attendait. Ayant fait connaissance avec un de ces mendiants soi-disant incendiés, il parcourut avec lui les Pays-Bas, et s'engagea ensuite dans le régiment de Vittgestein, qu'il accompagna dans ses quartiers d'hiver à Marienborn, près de Mayence. La vie militaire ne lui plaisait pas infiniment; il écrivit à sa mère pour lui faire part de l'intention qu'il avait de quitter le service, et celle-ci se mit en mouvement pour lui procurer son congé. Elle s'adressa, dans cette vue, à un cousin qui demeurait à Hanau, et qui décida que la désertion était le plus court chemin pour arriver à son but. Hessel s'enfuit donc à Hanau, auprès de ce cousin, qui ne put lui procurer un habits en conséquence, l'uniforme que portait Hessel fut transformé en frac de petit-maître. Pour satisfaire une folle passion Hessel fit plusieurs tours d'étudiant. Le cousin, qui se disait baon, ayant profité des premiers vols de sas-jeune parent, l'encouragea à ne pas oublier l'heureux talent qu'il possédait pour mendier sur de faux certificats ; il lui donna même plusieurs adresses pour Francfort, et notre héros lmporta fidèlement chez lui le fruit de ses au-rrliaône set de vols. Dans une de ses excursions à Mayence, il trouva moyen, en servant la messe à la cathédrale, de dérober un peti calice ; mais ayant été surpris par le marguil, lier, on l'arrêta, et il fut transporté à la tour de 'a Porte-au-Bois, dans le même cachot d'où 1 sortit depuis pour aller à l'échafaud. C'était sa première arrestation ; et, lorsque, en décembre 1809, la police de Francfort l'eut livr à celle de Mayence, il s'écria d'un ton prophétique à son entrée dans cette même tour t Voici mon *alpha* et mon *oméga*.» Après plusieurs démarches en sa faveur, il fut rendu à ea liberté.

A Francfort, il servit la messe chez les capucins, et leur déroba deux calices et deux petisn vases. En janvier 1793, il se fit enfermer un matin dans l'église des Carmes, et, pendam

que les bons pères étaient à table, il s'échappa
à travers le cloître, en emportant un crucifix
d'argent. Quelques jours après, il escamota la
montre d'un vieux marquis qui demeurait à
a anau. Dès lors les vues d'Hessel commencèrent à s'agrandir, il entreprit des courses jusqu'à Dusseldorf, en mendiant sous mille for-
mes différentes. A Ketwig, sur la Roër, il
s'associa à un maquignon, et, pendant que cet
homme faisait sa sieste, il lui enleva cent louis
sur trois cents qu'il portait dans sa ceinture,
et de suite se rendit en poste par Cologne, Co-
blentz et Francfort, à Hanau, auprès de son
honnête parent, chez qui l'argent frais fut dissipé en parties de plaisir. Dans une tentative
qu'il fit pour piller le comptoir d'un aubergiste de Hanau, il fut arrêté. La seconde nuit
de sa détention il s'évada au travers des la-
trines. Il avait jeté d'abord ses vêtements par
la fenêtre, puis ayant lié son mouchoir autour
de sa figure, s'était hasardé dans le canal, en
étendant ses bras devant lui. Mais il demeura
suspendu au milieu du conduit, environ deux
heures de suite, sans connaissance, jusqu'à ce

qu'un mouvement fortuit le fit tomber jusqu'en bas : le corps tout souillé, ayant à peine l'usage de ses sens, il eut besoin de quelques moments pour revenir à lui , puis il se traîna au bord d'un puits où il se nettoya. Il était déjà minuit passé ; il ne perdit pas une minute, et se rendit en hâte à Francfort pour y faire panser ses meurtrissures. De là, il prit le chemin de Mayence : en se promenant dans la grande rue de cette ville, il fut accosté par un officier prussien , qu'il avait eu occasion de rencontrer à Hanau, une fois ou deux, dans les parties de plaisir. On renouvela connaissance; mais en passant devant un corps-de-garde, l'officier fit saisir Hessel comme un mauvais sujet et un voleur échappé de Hanau. Le lendemain, il fut ramené dans la prison de cette ville, d'où, au bout de quatre semaines, il s'évada assez adroitement.

Ayant entrepris un autre voyage dans les Pays-Bas, il y vécut d'abord du métier de faux quêteur. Dans la suite , il fit connaissance de deux fameux filoux, et dès-lors il fut entraîné dans le torrent de ce qu'il nommait les

grandes affaires. Arrêté à Francfort, sur l'in-
dication d'un de ses camarades, et désigné
comme un des auteurs de la tentative de vol
commise à la poste de Mayence et d'un vol
effectüé à Frankenhal, il parut devant la
cour de justice de Mayence qui, après une
instruction qui remplit plusieurs séances, le
condamna à mort le 29 septembre 1810.

*Un faux pas, une étourderie,*
*Peut souiller toute notre vie.*

---

## WILLIAMS,

### BRIGAND ANGLAIS.

—

Goddem ! M. Williams est bien longtemps
à prendre ses informations ! Il est parti avant
le jour pour aller jusqu'à Firgrove, et il
n'est pas encore de retour ! Qu'en dis tu,
Pickle ? cela ne te paraît-il pas singulier ?—
Très-singulier, même ! Est-ce qu'un chef qu

sait son métier s'éloigne toute la journée de sa troupe, et s'il arrivait quelque alerte qui nous forçât de déguerpir, que ferions-nous? — Paix, j'entends du bruit dans le feuillage. — Trois hommes enveloppés de leurs manteaux... — C'est Williams et ses acolytes; *motus*, au moins. — Sois tranquille. A demain, selon l'événement de la nuit. — Et bien! Williams, quelle nouvelle? — Un superbe coup à faire dans la maison d'un vieux ministre qui depuis cinq jours est allé voir sa fille de l'autre côté de cette forêt, et n'a laissé pour garder la maison qu'un valet. — Bon, nous n'aurons pas grand'peine à nous emparer du magot. — Si nous n'avions pas vu quelques gens de campagne rôder autour de la maison, ma foi, à nous trois nous aurions risqué le coup en plein jour. — Oh! il vaut mieux y aller tous. — C'est aussi ce que j'ai pensé; mais rentrez tous deux, nous avons vu un homme qui semblait suivre la même route que nous; il ne doit pas tarder de passer par ici. Nous sommes trois, nousen viendrons à bout.

Picke et son compagon restèrent dans la caverne; le capitaine ainsi que ses deux favoris s'assirent tranquillement sur un banc de gazon. Ils parlèrent du plan d'attaque qui devait avoir lieu la nuit suivante.

Enfin une chanson tremblante vint interrompre leur entretien. C'etait l'homme en question ; il portait, enveloppé dans une serviette, un panier qui paraissait assez pesant. — Bonjour, camarade, lui dit Williams en lui frappant sur l'épaule. — Bonjour, messieurs, répondit-il — Vous paraissez bien joyeux. — Pas trop. — Mais, vous chantez. — C'est que sauf votre permission, quand on est seul dans un endroit qui... il pourrait y avoir des gens.. messieurs, pardon, mais je n'aime pas tous ces gens-là; et si je chante, c'est une manière de compagnie que je tâche de me donner à moi tout seul. — Tu as l'air d'un bon enfant. — Oh ça! je ne suis pas méchant comme ces gens qui, dit-on, se trouvent par çi, par là. Oh ! rien que d'y penser, ça me... — Des voleurs, tu veux dire? — C'est ça, on dit qu'il n'en manque pas dans ce bois, et de fiers en core ! Ainsi, si M^lle Betty ne m'avait pas dit bien amicalement : Mon cher Francis, va-t-en le premier avec ce petit panier qui contient de-quoi faire un bon petit repas. Tu t'arrêteras auprès des grands rochers. C'est par là que doit venir le bon M. Walsingham ; s'il arrive, tu tâcheras de l'y retenir, parce que ma mère et moi serions bien aises de dîner avec lui et d'y laisser passer la grande chaleur du jour.

—Vous attendez un voyageur? —Oui dà.— Riche, sans doute ? —Oh dam! riche, comme ça ; mais assez pour faire beaucoup de bien dans le village. C'est notre digne pasteur.—Ce-lui dont la maison se trouve toute seule avant d'y arriver?—Vous l'avez dit. Il revint de chez sa fille.—Bah! Vous le connaissez?—Beaucoup. —Ah! vous êtes peut-être du pays du mari de sa fille?—Monsieur connaît quelqu'un à Gowd-sire. Il a dîné hier avec votre ministre.—Tiens! comme on se retrouve! — Vous êtes chez M. Walsingham?—Son cuisinier, son domesti-que, son *factotum.*—Vous n'êtes pas tout seul là-dedans? — Pardonnez-moi. Quand je dis que j'y suis tout seul, ce n'est pas de jour; car mademoiselle Betty vient y passer la journée pour avoir soin du linge et préparer les remèdes que M. le ministre distribue *gratis* aux malades du village; mais elle s'en va le soir coucher chez sa mère.—Bonjour, mon ami, nous voilà un peu reposés, nous allons continuer notre route.—Bon voyage, messieurs, vous me laissez donc tout seul?

Francis retourna sur ses pas pour regarder si les personnes qu'il attendait arrivaient. Pendant ce temps, les trois brigands se glissèrent dans leur caverne, et le pauvre garçon, en revenant vers le banc où il avait déposé ses provisions, s'effraya tellement de se trouver encore une fois seul au milieu d'un bois, qu'il recommença de chanter. Il se taisait par intervalles pour écouter si personne ne s'approchait; puis il chantait de nouveau, tremblant de tous ses membres et sentant son cœur battre avec violence. Ce manége dura jusqu'à ce qu'il aperçut mademoiselle Betty et sa mère. Oh! alors il se trouva plus à son aise; il sauta de joie, il courut à moitié du chemin sur lequel il les apercevait. Enfin, le vénérable vieillard parut. On l'accueillit avec des marques de respect et de tendresse, on tira du panier un morceau de pain, une volaille rôtie, un cruchon de vin, et l'on prit sur l'herbe un repas frugal.

Le dîner était fini ; la mère de Betty en avait recueilli les débris dans la serviette, qu'elle avait suspendue au bras de Francis, et l'on se disposait à se mettre en route. Soudain, le valet poltron, qui était allé par précaution donner un coup d'œil sur toutes les routes, revint effrayé se ranger auprès de son maître.—Qu'y a-t-il de nouveau? dit celui-ci. — Oh! monsieur, oh! mesdames, nous sommes perdus. Un, deux, trois, peut-être six hommes armés jusqu'aux dents qui s'avancent vers nous de ce côté. Les femmes tremblent ; le vieillard leur dit de se rassurer, et va regarder à son tour sur le chemin indiqué : il y voit un soldat de milice qui paraît s'avancer avec peine, appuyé sur son sabre, dont il se sert comme d'un bâton. M. Walsingham marche aussi vite que le lui permet son grand âge, au-devant du malheureux piéton. Betty, sa mère et Francis le suivent; ils sont tous trop attachés à leur maître pour le laisser seul exposé à quelque danger. Celui-ci cependant s'était approché du soldat et s'informait avec intérêt de sa situation. Cet homme avait eu le malheur de s'égarer dans des plaines immenses, où il n'avait trouvé aucune habitation. Ensuite, il était entré dans la forêt, très-étendue de ce côté, et se sentait près de défaillir quand il fit la rencontre du bon ministre. Celui-ci l'ayant fait asseoir au pied d'un arbre, lui versa lui-même un verre de bon vin qui ranima ses forces; il lui servit ensuite un morceau de volaille et une petite tranche de pain.

— Venez chez moi, lui dit M. Walsingham, à deux milles de cette forêt, vous partagerez notre souper. Georges (c'était le nom du soldat) accepta avec reconnaissance. On se reposa encore quelques instants, puis on reprit le chemin de la maison isolée. On soupa gaîment ; et il était près de onze heures quand on se sépara, les femmes pour se rendre à leur habitation, à l'entrée du village, reconduites par Francis, et Georges pour aller à la ville.

Cependant les bandits de la forêt réunis autour de la maison, ayant vu le soldat s'éloigner, découvrirent un angle du mur du jardin,
qu'une brèche assez considérable rendait facile
à escalader. Aucun bruit ne se faisait entendre
au dedans ni au dehors; ils crurent les habitants du logis couchés. En conséquence, ils
soulevèrent une croisée du rez-de-chaussée et
s'introduisirent dans la cuisine, qu'une lampe
éclairait faiblement. Mais à peine y étaient-ils
qu'une porte s'ouvrit et Francis parut. Il était
trop tard pour songer à retourner dans le jardin; ils se blottirent trois ou quatre sous une
grande table de cuisine, d'autres sous la huche,
sous l'escalier, sous un fourneau, sous le four
et derrière un tas de fagots qui garnissaient le
fond de la chambre. Celle d'où sortait le domestique était fort élevée; l'escalier criait sous
ses pas, et lui-même chantonnait selon sa loua-
ble coutume, de sorte que le bruit que purent
faire les voleurs cherchant leurs cachettes, ne
parvint pas à son oreille. Quand il fut en bas,
il s'occupa près d'une demi-heure à ranger les
divers ustensiles qui avaient servi au souper,

après quoi il s'achemina vers une porte qui servait d'entrée à la chambre où il couchait. Mais comme il levait le loquet de la porte, un fagot tomba : c'était un des brigands qui l'avait involontairement poussé en allongeant la tête pour voir s'il était bientôt temps de faire leur coup. Qui va là ? s'écria Francis d'une voix tremblante. Personne n'ayant répondu, comme on le pense bien : — Tiens, dit-il, c'est un fagot ! Eh bien ! quelqu'un qui serait poltron aurait pourtant peur...

Il s'avance lentement pour le relever ; le voleur, qui se croit sur le point d'être découvert, paraît tout-à-coup en lui disant à mi-voix : — Tu es mort, si tu bouges ! — Si tu cries, tu es mort, reprend un autre qui sort d'une autre place. Et un moins d'un instant, il se vit entre les mains de dix personnages porteurs des figures les plus terribles. L'un deux lui arracha la lumière, et tandis que trois le contenaien en l'empêchant de crier, le reste franchit rapidement l'escalier, ouvrit la porte de la chambre du ministre, se précipita vers son lit, et lui demandant où était son argent.

Mais à ce moment, un homme entra par la fenêtre que les bandits avaient laissée ouverte et tomba le sabre à la main sur ceux qui retenaient Françis ; ceux-ci le lâchèrent pour se défendre, et il s'engagea entre eux et Georges un combat terrible. L'autre, se trouvant libre, courut à la corde d'une grosse cloche, qui répandit promptement l'alarme dans Firgrove. Effrayés du bruit qu'ils entendaient, les sept autres voleurs revinrent sur le haut de l'escalier, sans avoir fait aucun mal à M. Walsingham, et voyant qu'un seul homme tenait ainsi tête à trois des leurs, ils descendirent précipitamment les marches, afin de l'accabler par leur nombre. Le soldat, redoublant de forces à l'aspect d'un si grand péril, étendit à ses pieds deux de ses adversaires, et s'élança vers la croisée, afin d'en barrer le passage au reste de la bande ; le ministre, revenu de sa première frayeur, s'était saisi d'une paire de pistolets qu'il conservait toujours chargés dans son secrétaire ; il revint sur le palier, et fit si heureusement feu sur les scélérats, qu'il en tomba encore deux. Cela ralentit l'ardeur

des six autres, et produisit sur Georges un effet tout contraire. Ce fut alors que Francis, las
de sonner le tocsin ; reparut dans la chambre
armé d'un fléau, dont il se mit à frapper vigoureusement sur les épaules des assaillants ;
autre diversion non moins avantageuse au
brave soldat. Nos deux champions auraient
eu cependant assez de peine à triompher, si
un tumulte de voix, qui se fit entendre à la
porte, n'eût engagé le domestique à ouvrir ;
c'étaient la plupart des habitants du village,
armés de broches, de fourches et de tous les
instruments qui leur était tombés sous la main.
Ils entourèrent les brigands, et les firent tous
prisonniers, au moment où Georges, blessé,
s'apercevait qu'ils allaient forcer le passage.
On les lia fortement avec les cordes du tourne-
broche, pendant que M. Walsingham, Betty
et sa mère s'empressaient autour du courageux
soldat, et pensaient les blessures peu dangereuses qu'il avait reçues dans le combat.

On passa le reste de la nuit à garder les brigands; dont un seul, Williams, leur chef, était
mort de ses blessures. Deux villageois s'étaient

détachés avec Francis, pour aller à la ville faire la déclaration de ce qui s'était passé, et requérir main-forte, afin de transférer les neuf autres dans les prisons. Vers sept heures du matin, une compagnie du régiment dans lequel servait Georges, arriva avec le magistrat pour constater le délit.

Le chirurgien du régiment examina la situation du blessé, trouva que son hôte s'était fort bien acquitté de son pansement, et déclara qu'il n'y avait rien à craindre. Il voulut savoir comment le brave militaire avait pu se trouver là si à propos pour secourir le ministre. — Cela n'a rien de surprenant, dit celui-ci. J'allais gagner la route du bois, lorsque j'aperçus plusieurs hommes qui se glissaient mystérieusement le long de la muraille. Soupçonnant leur mauvais dessein, je feignis de continuer ma route ; mais à quelque distance je fermai la lanterne que l'on m'avait prêtée, je revins sur mes pas jusqu'à la porte de la maison ; il n'y avait personne de ce côté, et je me serais peutêtre retiré, persuadé que ma première conjecture était fausse, si mon attention n'eût été fixée par un léger bruit qui se faisait entendre à l'autre extrémité du mur. Je marchai doucement dans la direction de ce bruit, et j'arrivai à une brèche par laquelle je ne doutai pas que les coquins n'eussent pénétré dans le jardin. Je les suivis de loin jusqu'à la fenêtre, que je les vis distinctement ouvrir, et par laquelle ils entrèrent au nombre de dix ; je ne savais plus que faire ; cette quantité me paraissait trop considérable pour les attaquer seul, et cependant, si je m'éloignais pour aller appeler du secours, je craignais de leur laisser le temps de faire leur coup. Je me cachai donc au bas de la croisée, jusqu'à ce que je les entendisse faire quelque mouvement dans l'intérieur. Combien je regrettai de n'avoir point couru au village, quand je vis que près de trois quarts d'heure s'écoulaient sans qu'ils pussent rien entreprendre ! Trois ou quatre fois je me hasardai de me lever, de mettre la tête à la croisée, et de faire à Francis des signes qu'il ne vit point, quoique ses yeux se portassent fréquemment de mon côté ; enfin, les brigands se saisirent de lui ; je crus le moment favorable, je m'élançai dans la cuisine.

Le ministre, après ce récit, voyant que le chirurgien, satisfait de l'état de son malade, se disposait à le quitter, il le fit entrer dans son cabinet, et lui remit l'argent nécessaire pour racheter le congé de Georges, dont il ne voulait plus se séparer.

Effectivement, quelques jours après, le chirurgien le lui fit parvenir. Le ministre en l'embrassant, le remit à Georges, et ces deux hommes, à jamais unis par les liens sacrés d'une reconnaissance réciproque, jurèrent de passer ensemble le reste de leur existence.

> Un bienfait n'est jamais perdu,
> Ce proverbe est doux à redire;
> Qu'il résonne sur chaque lyre,
> Par chaque écho qu'il soit rendu !

---

# DIAVOLO SACRIPANTI

### BRIGAND ITALIEN.

Parmi ces brigands fameux qui désolèrent longtemps l'Italie, le terrible Diavolo Sacripanti eut presque l'autorité d'un souverain dans les Apennins. Nous le laisserons raconter lui-même une partie de sa vie.

— Je ne puis dire précisément où j'ai vu le jour. Ce qu'il y a de certain, c'est qu'à l'âge de six ans, on me fit passer dans une des petites îles qui environnent la Sardaigne , où je fus élevé dans la maison d'un gentilhomme sarde, dont les principales occupations étaient la chasse, la pêche et la lecture. Son épouse passait sa journée à faire des filets pour prendre le poisson , et un vieux serviteur, nommé Girolamo, cultivait le jardin. Un franciscain , servant d'aumônier, nous disait la messe dans une masure , qu'on honorait du beau nom de chapelle. Ce fut lui qui fut chargé de m'apprendre à lire, à écrire, les premières règles de l'arithmétique et un peu de latin. Je ne tardai pas à faire des progrès qui surprirent mon maître , et l'instant vint bientôt où j'avais épuisé toutes ses connaissances. De son côté, le gentilhomme sarde me donna des leçons d'équitation , m'apprit à tirer un coup de fusil, et à me rendre habile à la pêche et à la nage.

Sentant alors que je ne pouvais plus rester dans cette maison , je pris mon parti en déterminé, et m'acheminai vers la mer. Ne trouvant aucune embarcation , je résolus de me jeter à la nage , pour traverser l'espace qui me séparait de l'île de Sardaigne. J'aurais péri misérablement au milieu des flots sans un bâtiment qui me recueillit et me déposa dans l'ile.

M'étant avancé vers Cagliari, j'entrai dans une auberge, où, après avoir fait sécher mes vêtements, je demandai à manger.

En sortant de l'auberge, j'aperçus Girolamo, le vieux domestique du gentilhomme sarde , que je présumai qu'on envoyait pour me faire arrêter. Il était urgent d'éloigner ce témoin importun, et la chose n'était pas facile ; heureusement, je me souvins qu'il était ivrogne. Je l'abordai d'un air délibéré. Vous ici , Girolamo! qu'y venez-vous chercher ?—Quoi, c'est vous, monsieur? Ah! qu'avez-vous fait? —Rentrons dans l'auberge , nous causerons plus à l'aise. Je fis aussitôt apporter du vin, et nous reprîmes la conversation. Girolamo , vous me croyez l'agresseur dans la querelle que j'ai eue avec le franciscain. Eh bien! c'est lui qui voulai m'assassiner. — La chose n'est pas croyable; —je dis la vérité. —Et je continuai à remplir le verre de Girolamo. — Quoi qu'il en soit, c'est une mauvaise affaire pour vous. Mais je ne suis point venu ici pour chercher à vous faire du mal, et je me garderai bien..... — Je reconnais l'honnêteté de tes sentiments : va crois-moi, je ne t'oublierai jamais. Je me mis à lui verser de nouvelles rasades. — Je dirai à monsieur, à madame et au franciscain, que vous avez traversé Cagliari sans vous y arrêter, et que vous vous y êtes embarqué sur une tartane turque, pour les îles du Levant. — A merveille, Girolamo ; mais sois persuadé que si ce n'est pas pour les îles du Levant, ce sera au moins pour l'Amérique septentrionale. Je dois partir ce soir.

Et je continuai à vider la troisième bouteille dans son verre. Le pauvre Girolamo commença à voir les objets doubles ; le vin l'avait tellement étourdi, qu'il s'assoupit insensiblement, et se mit à ronfler.

Alors je sortis pour réfléchir à ma position. A mon retour, Girolamo dormait encore ; je l'éveillai pour lui dire que je m'enbarquerais le lendemain : de nouvelles libations scellèrent notre séparatio

Après le départ de Girolamo, je demandai à mes hôtes s'il n'y avait pas de corsaires prêts à remettre en mer? Barbaro, me répondirent-ils, serait déja parti, sans quelques hommes qui lui manquent pour compléter son équipage. Je courus au port où je n'eus pas de peine à trouver celui que je cherchais. Barbaro m'interrogea, je répondis à toutes ses questions d'une manière satisfaisante.—Comme il paraît que tu as été assez bien élevé, ajouta-t-il, je te prends pour mon secrétaire. Après-demain, je mets à la voile, voilà trois ducats pour ton engagement.

Au jour indiqué, à cinq heures, je fus sur pied. Le temps était superbe. Barbaro mit à la voile, et me voilà lancé au milieu des flots. Il y avait plus de vingt jours que nous étions en mer, sans avoir fait aucune rencontre, lorsqu'on aperçut un corsaire d'Alger qui arrivait sur nous avec la plus grande impétuosité. On se prépara au combat. Barbaro me donna un fusil et un sabre, en m'exhortant à faire bon usage de l'un et de l'autre. Après quelques coups de canon échangés de part et d'autre, on en vint à l'abordage. La fusillade s'engagea. Chaque coup de fusil que je tirai mit hors de combat celui à qui il était adressé. Barbaro, une hache à la main, s'élança sur le bâtiment algérien; je le suivis, avec plusieurs de nos gens. Barbaro fit des prodiges de valeur; je le secondai vigoureusement. L'ennemi avait perdu presque tout son monde; il fallut se rendre. Dix mille piastres, quelques marchandises, des munitions, des vivres, et une douzaine de prisonniers furent le prix de la victoire : quant au navire algérien, il avait été tellement maltraité que nous fûmes obligés de le brûler.

Nous cinglâmes vers les côtes de Barbarie, où Barbaro espérait faire d'autres prises et vendre ses prisonniers. Il ne fut pas trompé dans ses espérances ; un bâtiment marchand de deux cents tonneaux tomba en notre pouvoir; nos douze prisonniers furent vendus et livrés à un capitaine génois qui mouilla dans le même port que nous. Barbaro se détermina à conduire sa prise à Cagliari : en peu de jours nous y arrivâmes. En débarquant, il me gratifia de cent piastres, d'une paire de pistolets et d'un damas. Après quelques jours derepos, Barbaro dirigea sa course vers les côtes d'Afrique. A peine étions-nous en mer que nous fûmes assaillis par deux corsaires de Salé. Nous nous battîmes comme des désespérés ; mais enfin il fallut céder à la force. Barbaro avait péri glorieusement l'un des premiers : moi-même j'étais grièvement blessé. On me transporta sur l'un des bâtiments ennemis, et je fus conduit à Salé, où après être guéri de mes blessures, on m'exposa en vente comme une bête de somme. Je fus acheté par un Maure, qui me mena à son logis, où je trouvai sa belle-mère et sa femme, Andalouses d'origine. Ces deux femmes n'étaient pas heureuses et regrettaient vivement leur patrie. Le Maure eut une querelle avec un Turc, et en reçut un coup de poignard qui l'étendit raide mort.

Zamira , tel était le nom de la femme du Maure, me proposa de la conduire en Espagne. Ivre de joie, je frétai un bâtiment génois que nous chargeâmes de tout ce que nous pûmes emporter, et nous cinglâmes vers les côtes d'Espagne ; mais un vent contraire nous rejeta vers celles d'Italie et nous fûmes obligés de débarquer à Civita-Vecchia, où nous attendîmes patiemment que la saison fût plus favorable pour naviguer. Ce fut alors que je liai connaissance avec Ferrago, un des capitaines de Fortiguerra, qui s'y était retiré, et que l'on ne connaissait que sous le nom de capitaine *Fioravanti*. Il me proposa d'entrer dans la troupe de ce fameux chef de brigands, où je trouverais tous les jours l'occasion de signaler ma bravoure, de jouir des plaisirs de la vie et d'amasser un trésor. Ses propositions furent accueillies ; je me préparai à aller rejoindre Fortiguerra, et pour préluder avec éclat au nouveau métier que j'allais faire, je pris la résolution de dépouiller Zamira, qui m'avait suivi avec tant de confiance, et dans le doux espoir d'embrasser sa famille qui la pleurait depuis plusieurs années. Je fis part de mon projet à Ferrago, qui m'encouragea dans ces bonnes dispositions.

Après m'être emparé de l'or, de l'argent et des bijoux de Zamira, je m'embarquai sur un bâtiment qui faisait voile vers un des ports de Sicile, et j'entrai dans celui de Messine.

Trois jours après nous appareillâmes, et bientôt nous perdîmes de vue les côtes de la patrie d'Antoine de Messine et de Joseph Moletius. Lors de l'occupation de cette ville par les Français, on y comptait 80,000 habitants ; mais depuis les Vêpres siciliennes et la peste de 1743, sa population était considérablement diminuée. Le tremblement de terre du 5 février 1783 compléta sa ruine. Les descriptions pompeuses qui nous sont parvenues ne servent qu'à conserver le souvenir de ce qu'elle a été.

Une bourrasque retarda de quelques heures notre arrivée à Palerme. Après avoir visité les curiosités et les monuments de cette ville, je cherchai l'homme pour lequel Ferrago m'avait donné une lettre de recommandation. L'ayant découvert, je la lui présentai. Après l'avoir lue, l'étrange personnage me dit : Vous arrivez à propos, Fortiguerra a besoin de gens de cœur ; vous pouvez l'aller rejoindre. Je vais vous donner par écrit les instructions nécessaires pour être accueilli comme vous le devez par ce vengeur des droits de l'homme. Il se retira un moment dans son cabinet, et m'apporta uue feuille de route pour me rendre auprès de Fortiguerra.— Partez dans deux jours, voilà trente ducats pour votre voyage; et il me congédia.

Il était nuit quand je revins à mon hôtel garni.

Le moment d'aller retrouver Fortiguerra étant arrivé, je m'armai d'une ceinture de pistolets et d'un damas, cachés sous un simple manteau, et je me mis en route, un livre à la main, comme un promeneur.

A l'entrée d'un bois, je fus abordé par deux grands gaillards, qui me demandèrent très poliment ma bourse. Je tirai de ma poche une arte d'assurance, en demandant d'être conduit à leur chef. Volontiers, dirent-ils ; et je le suivis. Nous marchâmes dans le plus grand silence. Au bout d'un quart-d'heure, un coup de sifflet m'appris que je ne tarderais pas à voir celui que je venais chercher. En effet, j'aperçus aussitôt une escouade de quatre hommes armés jusqu'aux dents, qui m'entourèrent et me con-

duisirent vers une espèce de souterrain. A peine
y fus-je entré, que je vis s'avancer vers moi
Fortiguerra.

Je lui remis une lettre de Ferrago qui sem-
bla lui faire plaisir. Après sa lecture, il me dit :
— Vous arrivez à temps, car ce soir nous de-
vons faire une incursion dans un château;
nous y éprouverons de la resistance ; et c'est
dans cette expédition que je veux vous faire
débuter. Voici un excellent fusil à deux coups
avec sa baïonnette ; vous avez des pistolets et
un damas; de la poudre et des balles, vous
n'en manquerez pas. Pour nous préparer à notre expédition, qu'on nous apporte à manger
et à boire.

Après une orgie, il fallut se préparer au départ ; tous mes camarades ainsi que moi char-
gèrent leurs armes.

Il était à peu près onze heures du soir lorsque nous arrivâmes devant le château. On fit
des dispositions, et au signal donné nous commençâmes à escalader les murs. Quelques coups
de fusils nous assaillirent, nous y ripostâmes
vigoureusement. Fortiguerra s'avança alors

pour entrer dans le château; je l'y suivis, et malgré le feu qu'on dirigeait sur lui, il enfonça, avec une hache qu'il portait presque toujours à ses côtés, la première porte. Tous les gens du château avaient pris la fuite; quelques-uns de nos camarades survinrent, et l'on se mit à piller les appartements.

Chacun revenait chargé des dépouilles et des prises qu'il avait faites, lorsque nous fûmes assaillis par une troupe de sbires; le combat recommença : je m'y distinguai, et trois soldats périrent sous mes coups. Fortiguerra, qui avait été témoin de mon courage intrépide, me frappa sur l'épaule en me disant : — Ferrago ne m'a point trompé; tu es digne d'être le compagnon de Fortiguerra. Je veux tenter ce soir une autre aventure périlleuse, et je t'ai choisi pour mon second.

Après nous être mis à table, où nous restâmes deux heures, Fortiguerra se levant : — Mon cher Sacripanti, il est temps, partons; nous avons deux lieues à faire, et nous arriverons proche le couvent à la chute du jour; alors, au signal qu'on nous donnera, nous monterons à l'assaut.

Le ciel s'était couvert de nuages, un tonnerre effroyable ébranlait l'atmosphère, et nous ne marchions plus qu'à la lueur des éclairs. La pluie qui tombait par torrents nous mouilla jusqu'aux os ; mais Fortiguerra et Sacripanti n'étaient pas capables d'être rebutés par ce fâcheux contre-temps. Nous voilà, malgré la furie de l'orage, au pied des murs du couvent ; nous attendions le signal convenu. Le son d'une petite cloche se fit entendre. — Jetons nos échelles de corde, me dit Fortiguerra. En un clin d'œil, nous fûmes à cheval sur le mur ; nous allions descendre dans le jardin lorsqu'un bruit confus vint frapper nos oreilles.

— Serions-nous découverts ? s'écria Fortiguerra. Qu'importe, nous avons trop bien commencé pour ne pas finir ; et au même instant, il arrangea son échelle et fut bientôt dans le jardin. Je le suivis de près. Deux énormes chiens vinrent fondre sur nous : deux coups de pistolet les renversèrent. Nous avançâmes vers la première porte, que nous tentâmes d'enfoncer, mais ce fut en vain ; nous cherchâmes une issue pour pénétrer dans le couvent, nos recherches furent inutiles. Nous allions retourner sur nos pas, lorsque nous fûmes assaillis par quatre hommes armés qui firent sur nous une décharge qui ne perça que mon chapeau. Nous ripostâmes presqu'à bout portant ; le combat à l'arme blanche s'engagea alors vivement entre nous. La nuit redoublait encore l'horreur de ce combat ; mais enfin deux de nos adversaires tombèrent sous nos coups. Nous poursuivîmes les deux autres devant lesquels on ouvrit une porte qui conduisait au réfectoire ; nous y entrâmes avec eux. Une nouvelle lutte signala notre courage, et près les avoir désarmés, nous les attachâmes à un pilier. Ayant monté avec rapidité un escalier qui s'offrit à nos regards, nous nous trouvâmes dans un dortoir immense. Une regieuse, plus morte que vive, s'étant rencontrée sur notre passage, Fortiguerra lui fit plusieurs questions auxquelles elle ne voulut pas d'abord répondre ; mais l'ayant fortement menacée de ui passer son sabre au travers du corps, elle nous découvrit l'endroit où toutes les religieuses et les pensionnaires s'étaient réfugiées pendant notre combat. — Allez dire à l'abbesse, ordonna-t-il à cette religieuse, de venir me parler, et annoncez-lui qu'elle n'a rien à redouter. Si, par hasard, elle refusait d'obéir, je mettrai le feu aux quatre coins du couvent.

Cette menace produisit son effet ; l'abbesse sortit de sa retraite et s'avança vers nous.

— Madame, lui dit Fortiguerra, Angélica Petuzzi est-elle ici? — Oui, monsieur. — Faites-la venir, s'il vous plaît.

Quand l'abbesse vit que toute résistance était inutile, elle se résigna. Angélica, pâle et tremblante, parut bientôt. — Allons, mademoiselle, ajouta-t-il, suivez-moi. — L'abbesse vint nous ouvrir les portes, et nous nous hâtâmes de gagner la campagne.

Fortiguerra fit monter à cheval sa victime et nous arrivâmes à la caverne.

Peu de jours après, Tintamarra et deux des gens de Fortiguera m'ont fait part de l'intention où ils étaient de le quitter pour me prendre pour leur chef, j'acceptai leur proposition, et nous désertâmes la caverne après nous être donné rendez-vous à Pistoie. Je leur distribuai une quarantaine de ducats, et je partis pour Palerme.

J'avais dans cette ville laissé une somme assez ronde : le dépositaire me la rendit fidèlement. Le jour même je m'acheminai pour rejoindre mes gens.

Arrivé à Pistoie, la première personne que je rencontrai fut le franciscain qui avait été mon précepteur, et auquel, par reconnaissance, j'avais donné un coup de couteau. La crainte d'en être reconnu ne m'empêcha point de l'aborder, et d'entrer en conversation avéc lui. Nous nous séparâmes pénétrés d'estime l'un pour l'autre ; je m'étais fait passer pour un seigneur napolitain. Après avoir, pendant plusieurs jours, parcouru la chaîne des Apennins, je trouvai enfin ce qui faisait l'objet de mes recherches. Je fis assembler ma petite troupe, et lui tins un discours qui se terminait par cette phrase : — Quoique brigands nous avons notre honneur. Jure moi, sur cet honneur, zobéis et fidélité.

Toute ma petite troupe éleva aussitôt ses sabres en l'air. Je donnai le mot d'ordre ; Tintamarra, que j'avais nommé mon adjudant, me suivit ; je lui fis part que, sous deux jours, uous ferions une excursion aux environs de Reggio, et que je désirais qu'il se rendit tout de suite dans cette ville, pour prendre des informations relatives à un château qui n'en était éloigné que de deux lieues, et que je me proposais de piller.

Tintamarra partit pour s'acquitter de sa commission. Il vint me retrouver le lendemain, et me fit un récit exact et détaillé de ce qu'il avait vu et de ce qu'il avait appris.

D'après ces renseignements, j'arrangeai mon plan et je fis mes dispositions. A la chute du jour, nous nous mîmes en marche : la nui était obscure et profonde lorsque nous arrivâmes devant le château. Tintamarra était chargé de le tourner avec son escouade ; j'escaladai le mur avec mes gens, traversai une première cour sans rencontrer d'obstacle, entrai dans une seconde, au bout de laquelle était la porte du salon du château. Un bruit confus et tumul

tueux se fit alors entendre dans tous les appartements du château. J'enfonçai cette porte, et
je ne rencontrai personne ; j'avançais toujours
de chambre en chambre, à la lueur des lanter-
nes que nous avions allumées , lorsque , voulant pénétrer dans un corridor, on fit feu sur
nous. Mes gens ripostèrent ; des cris et des
gémissements s'élevèrent de toutes parts. Je
criai alors d'une voix forte : —Qu'on se rende,
ou je mets le feu au château et passe au fil de
l'épée tout ceux qui sons dedans.

Soudain le tumulte cessa, et il se fit un grand
silence. Le maître du château , s'avança alors
vers moi d'un air plein d'assurance, et me dit:
— Sans doute vous voulez de l'argent ?— Oui,
signor. — Il me fit remettre aussitôt plusieurs
sacs de pistoles et de piastres. Après avoir exigé
de plus quelques meubles très-portatifs , l'é-
crin de madame, les montres et les bijoux des
autres, je donnai le signal du départ. En sor
tant, nous prîmes diverses routes, et j'écrivis
ce qui précède ; s'il plaît au sort cette histoire
aura d'autres chapitres.

Cet espoir de Diavolo ne se réalisa pas. La

bande,attaquée pendant son absence,fut anéan-
tie, et presque tous ses compagnons emprison-
nés.

— Mon ami, dit-il au seul homme qui l'ac-
compagnait, dieu merci, nous ne manquons
pas d'argent; je crois qu'il serait à propos de
nous rendre d'abord à Naples, nous trouverions plus facilement un bâtiment pour nous
transporter à Messine ou à Palerme. Nos deux
aventuriers, arrivés à Naples, changèrent de
nom et de costume, Sacripanti endossa l'habit
de grand seigneur, et se fit appeler par Antonio ( c'était le nom qu'il avait donné à son ancien camarade, qui devait passer pour son
valet ) le *marquis de la Rocella.* Il prit un lo-
gement dans un des plus beaux hôtels de cette
ville. Comme il dépensait beaucoup d'argent,
il s'attira de la considération.

Le marquis de la Rocella, voyant que son
argent, ses bijoux et ses diamants commen-
çaient à diminuer, crut devoir les renouveler,
en faisant quelques excursions dans les environs de cette ville ; en conséquence, s'adres-
sant un jour à Antonio : Mon ami, lui dit-il,
nos fonds commencent à baisser, et il faut nous
en procurer de nouveaux. Une petite course
sur la grande route ou dans les châteaux voisins de Naples réparera bientôt le vide de nos
bourses; mais il est essentiel que tu fasses une
tournée dans les campagnes qui avoisinent
cette grande ville, et que tu prennes des informations exactes sur les lieux et les châteaux

susceptibles d'un coup de main. Pendant ton absence, je fréquenterai les jeux et les maisons où se rassemblent les gens propres à être dupés, et je mettrai en activité un talent que tu ne connais pas encore.

Aussitôt parti, le marquis de la Rocella commença à mettre en pratique ces petits tours d'adresse qui lui réunissaient assez bien.

Cependant Antonio ne revenait pas; le marquis trembla qu'il n'eût fait quelque mauvaise rencontre, et fit part de ses craintes à un ami qui le pressa vivement de quitter la ville de Naples. Malgré les plus vives sollicitations, il voulut encore l'attendre quelques jours. Il était à la veille de s'embarquer pour la Sicile, lorsque le retour d'Antonio changea sa résolution. D'après les rapports satisfaisants de ce dernier, une petite excursion à quatre ou cinq lieues de Naples fut décidée. —Nous la ferons d'autant plus heureusement, ajouta ce dernier, que j'ai retrouvé deux de nos gens, qui ont eu le bon esprit de s'évader de prison, et qui viendront nous rejoindre ce soir à l'auberge de Saint-Janvier.

Lorsqu'ils furent tous réunis, ils se portèrent en avant sous la conduite du fidèle Antonio, qui les dirigea dans un village, au bout duquel était le château qu'ils se proposaient de piller; une petite auberge les reçut tous. A la chute du jour, Sacripanti avec ses hommes, l'avança vers le château. Au moment où ils salaient escalader les murs, ils entrevirent six cavaliers, qui arrivèrent bride abattue sur eux. Le combat commença alors à s'engager assez vivement. Sacripanti et Antonio furent cernés, pris et conduits dans les prisons de Naples.

Sacripanti et Antonio, étant parvenus à s'échapper de leur prison, s'embarquèrent sur un bâtiment qui faisait voile pour l'Espagne. Arrivés à Saint-Ander, ils prirent la résolution de se rendre à Madrid. Les premiers essais de leur industrie furent assez heureux; mais Sacripanti, s'étant mis à déclamer contre l'inquisition, fut arrêté quelques jours après avec Antonio. Conduits dans les prisons de ce tribunal tous deux furent brûlés vifs.

*Le feu de la colère en volcan peut changer;*
*Les éclats du tonnerre offrent moins de danger.*

## FIN.